D1750804

Thüringen

Thüringen

Fotografie
Thomas Härtrich

Text
Thomas Bickelhaupt

BUCHER

Inhalt

12 Kleines Land mit großen Traditionen

12 Die »deutscheste aller Burgen«
15 Eine der ältesten Regionen
16 Bunter Flickenteppich
19 Zwischen Krieg und Frieden
20 *Daten und Bilder zur Geschichte*
22 *Vom Werden einer Metapher*
23 Reformation – Deutsche Klassik – Weimarer Republik
26 *Vielfältig wie das Land*
34 *Einheimische, Zugezogene und Durchreisende*

Gasthaus »Henneberger Haus« in Meiningen.

36 In der Mitte des Landes

39 Zeugen der Vergangenheit
41 *Preußen mitten in Thüringen*
41 Alte Kirchen und wunderliches Orgelspiel
44 *Moderne und Mittelalter*
49 Das Lustschloss des galanten Grafen
50 *Der Name ist Programm*
56 *Hightech seit 160 Jahren*

Über den Dächern von Erfurt: die Silhouette von Dom und Severikirche.

58 Unterwegs im »klassischen« Thüringen

60 Audienz beim Dichterfürsten
64 Gelehrtenrepublik und freie Liebe
66 *Humanismus und Barbarei*
68 *Start in die Moderne*
74 Inmitten von Gärten und Reben
80 *Auf den Spuren großer Geister*

Burgenromantik in Nordthüringen: Burgruine Hanstein im Eichsfeld.

82 Wälder, Wasser und Wanderwege

- 84 In der Residenz des Posthumus
- 87 Klappernde Mühlen und ein Vogelpastor
- 88 Reußische Schlösser und Thüringer Fjorde
- 90 *Von der »Polnischen Bank« bis zum Skat*
- 94 *Blaues und weißes Gold*
- 95 Alte Schlösser und neue Klänge
- 97 Prinzenraub und »Simple Storys«
- 102 *Land der Burgen und Schlösser*

Im Park von Schloss Burgk an der Saale.

104 Der Mittelpunkt Deutschlands

- 106 Stolze Städte mit reicher Geschichte
- 108 Die Rotunde auf dem Berg
- 111 *Das kleinste Mittelgebirge*
- 112 *Standhaft im Glauben*
- 115 Das Denkmal auf der Burg
- 116 Den Wolken näher
- 122 *Tintenklecks und Todesangst*

Barbarossa im Kyffhäuserdenkmal.

124 Thüringer Wald und Rhön

- 127 Am Fuße der Wartburg
- 129 Zwischen Inselsberg und Oberhof
- 131 Schauspieler, Wintersportler, Büchsenmacher
- 132 *»Woesinge ahoi!«*
- 135 Die »Steinerne Chronik Thüringens«
- 138 Im Weihnachtsland
- 139 *Kehrseite der Romantik*
- 140 Der letzte Akt der deutschen Teilung
- 144 *Der »Weg auf den Höh'n«*

Rennsteigwanderer auf dem Weg zum Großen Inselsberg.

146 Planen, Reisen, Genießen

- 149 *Ein Spaziergang durch Weimar*
- 150 *Thüringen für Eilige und Entspannte*

156 Menschen, Orte, Begriffe

Sommerabend in der Thüringer Landeshauptstadt Erfurt.

Blick von der Wartburg auf Eisenach mit dem Burschenschaftsdenkmal und den Bergen des Thüringer Waldes (oben). Einst vor den Toren der Stadt gelegen: Goethes Gartenhaus in Weimar. (rechts).

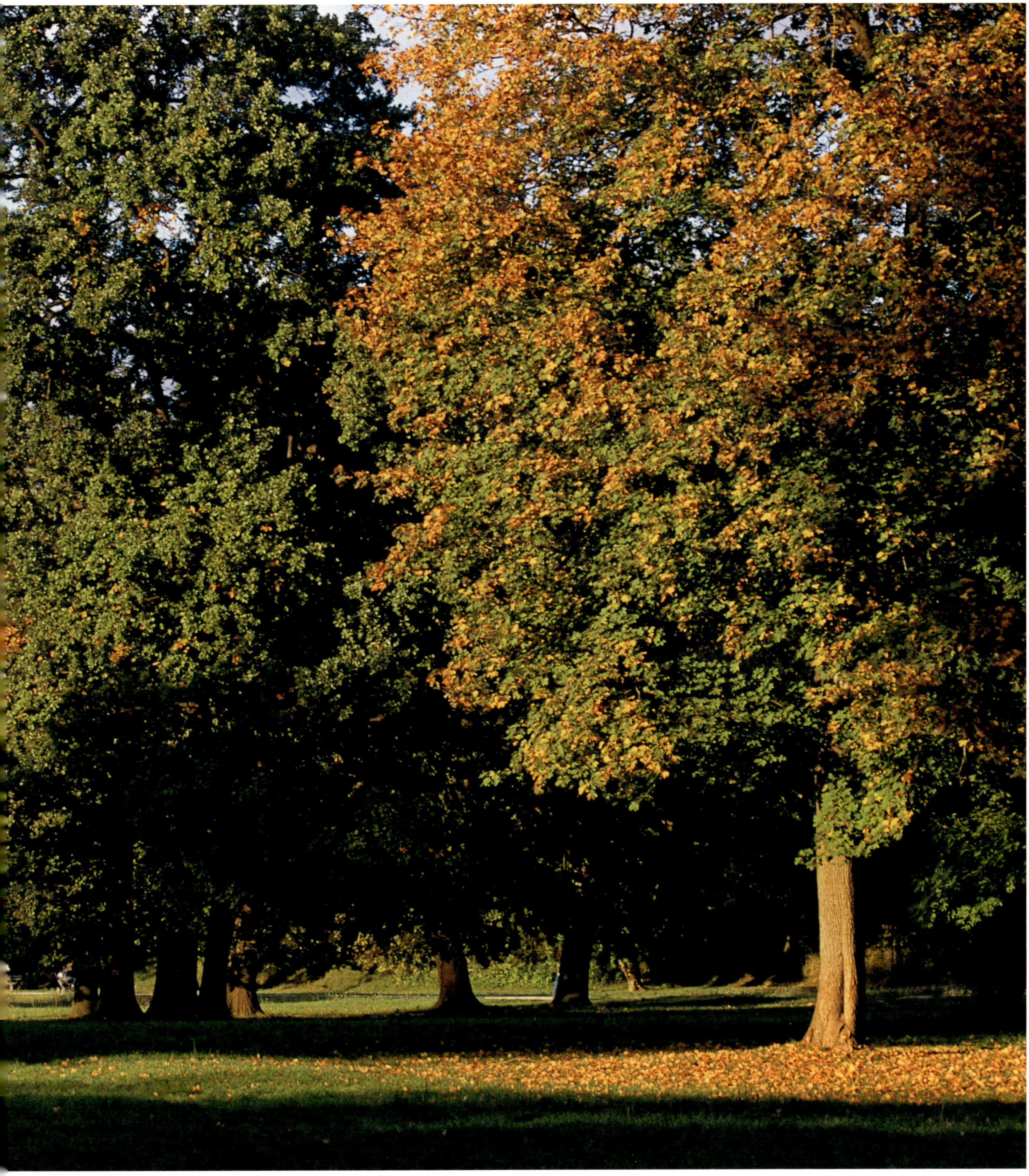

Witzelroda bei Bad Salzungen.

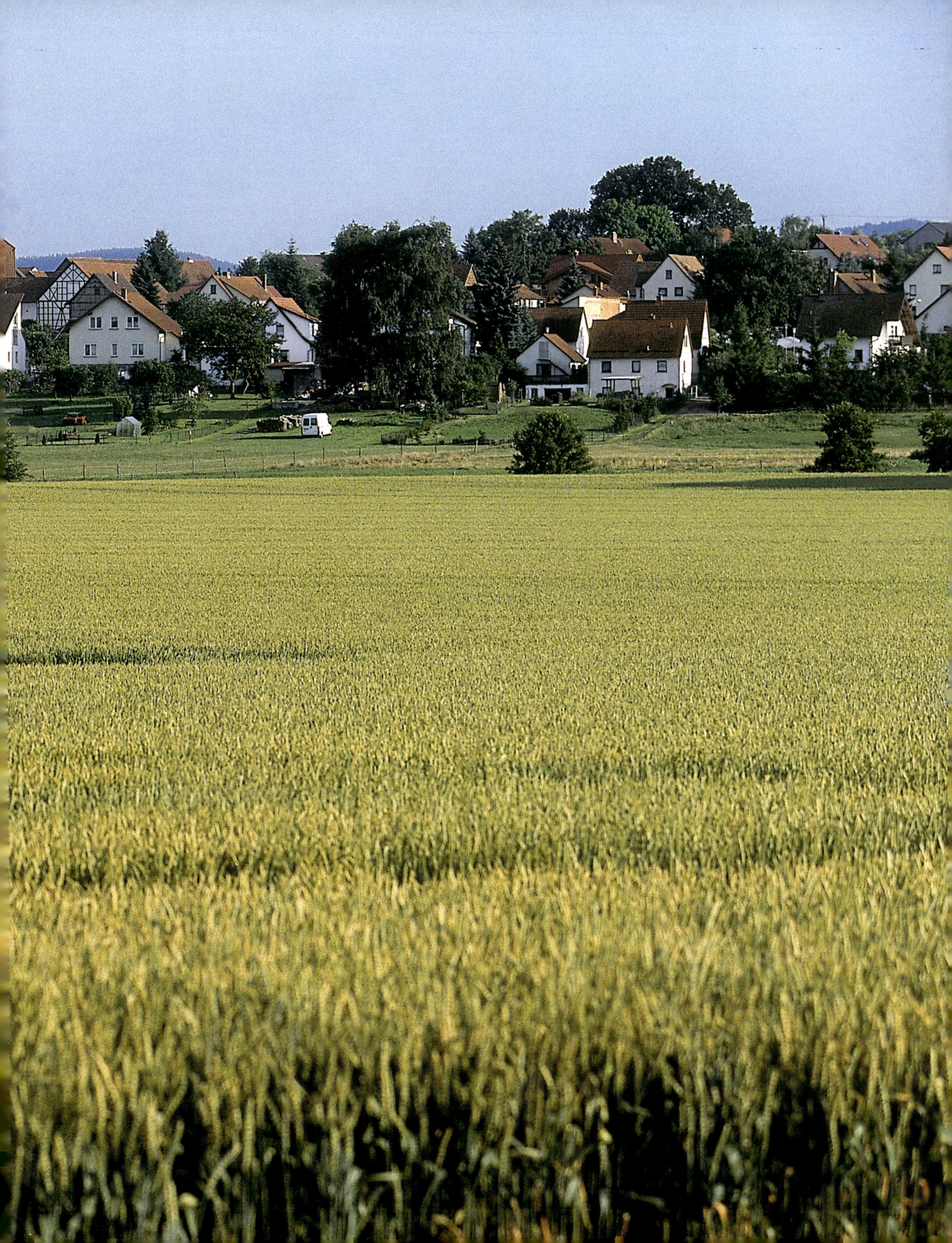

> »Ich war immer gerne hier und bin es noch; ich glaube, es kommt von der Harmonie, in der hier alles steht: Gegend, Menschen, Klima, Tun und Lassen.«

Johann Wolfgang von Goethe in einem Brief aus Ilmenau an Friedrich Schiller in Weimar, 1795.

Thüringer Trachten sind wieder »in« – wie auf dem Trachtenfest im Eichsfeld.

Die Oberweißbacher Bergbahn, eine zwischen 1919 und 1923 errichtete Standseilbahn, überwindet im Schiefergebirge bei einer Steigung von 25 Prozent auf 1400 Metern einen Höhenunterschied von 300 Metern.

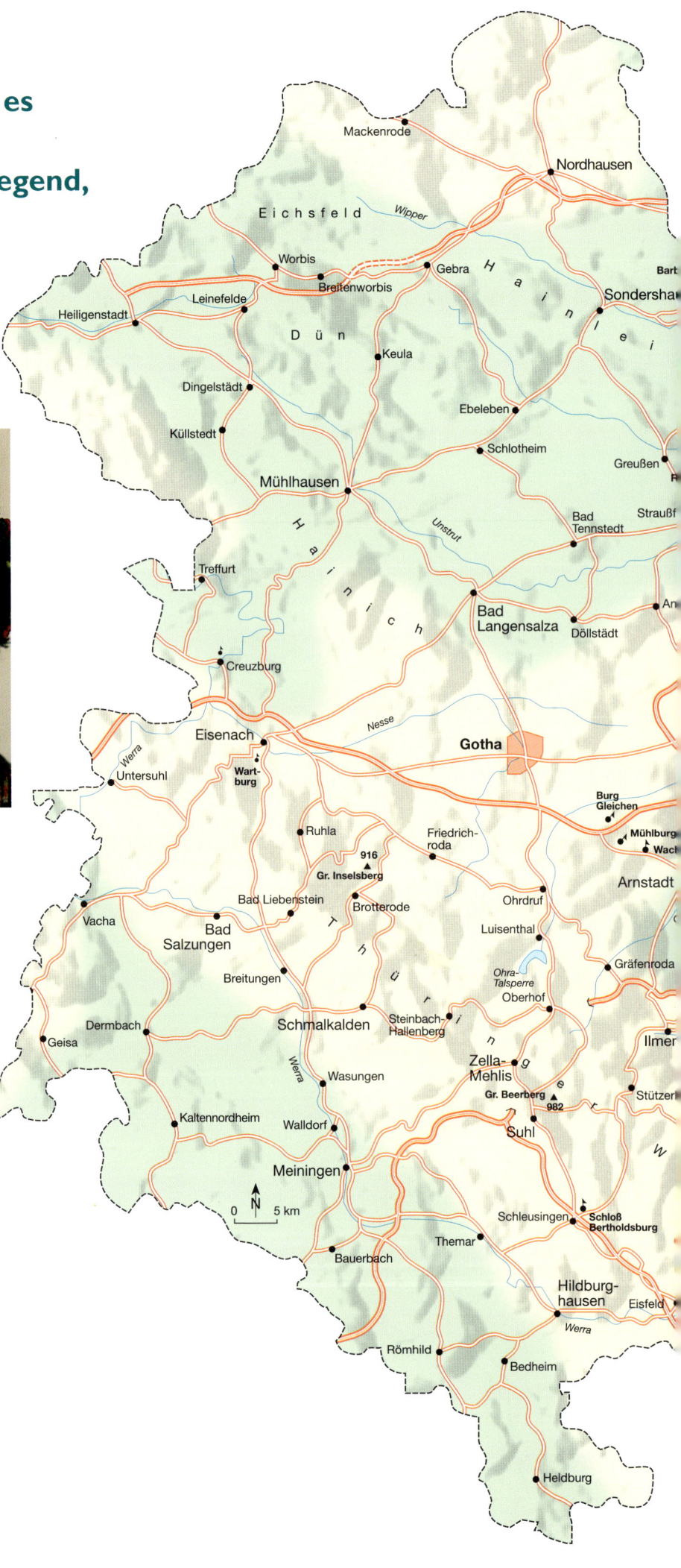

Das Krämerbrückenfest hat eine lange Tradition als populäres Sommerfest in Erfurt.

Das Ilmtal ist das nördlichste Anbaugebiet Europas. Die Weine des »Thüringer Weinguts Bad Sulza« erfreuen sich wachsender Beliebtheit.

Alt und Neu in Jena mit dem modernisierten Uni-Hochhaus aus DDR-Zeiten, dem mittelalterlichen Johannisturm und den sanierten Hochhäusern des einstigen Zeiss-Kombinats (von links).

Kleines Land mit großen Traditionen

Am Erfurter Fischmarkt mit dem »Erfurter Roland« von 1571 kreuzten sich schon im Mittelalter bedeutende Handelswege von West nach Ost und von Nord nach Süd. Zu den beeindruckenden Renaissancebauten gehört das Haus »Zum breiten Herd« (oben).

Traditionelle Thüringer Trachten beim »Breikuchenfest« in Dingelstädt. – Die »Kurmainzische Statthalterei« in Erfurt, Sitz der Thüringer Staatskanzlei (rechte Seite).

Hier oben ist die Freiheit grenzenlos. Bei klarem Wetter schweift der Blick kilometerweit über dichte Wälder und weite Fernen. Zum Greifen nah scheinen die Ausläufer des Thüringer Waldes, das nordhessische Bergland oder der Nationalpark Hainich. »Die um die Wartburg allmächtig und reich gelagerte Natur spielte mir einige Freude zu, wie ich sie lange nicht hatte«, schwärmte 1799 der Schriftsteller Jean Paul. Und auch Friedrich Schlegel (1772 bis 1829), der Philosoph unter den Jenaer Romantikern, zeigte sich ergriffen: »Schöneres hab ich in Deutschland nichts gesehen als diese Burg auf einem einzelnen, ehedem ganz waldumkränzten Berge, rundum von Felsen und Tälern und Hügeln umschlossen.«

Die »deutscheste aller Burgen«

Doch bei aller Begeisterung der Zeitgenossen vor 200 Jahren: Damals hatte die Wartburg nur wenig Einladendes. Eine »unregelmäßige Häusermasse, deren höchster und ältester Teil weit mehr einem Speicher ähnlich sah als einer fürstlichen Herrenburg«, befand noch 1826 der inzwischen vergessene Schriftsteller Adolph Stahr. Die heute in aller Welt bekannte Silhouette mit dem imposanten Bergfried ist erst ein Werk des 19. Jahrhunderts, als es in den Adelshäusern im Trend lag, alte Burgruinen neu zu beleben. Den entscheidenden Impuls – und nicht zuletzt das erforderliche Geld – gab die vermögende russische Großfürstin Maria Pawlowna, die 1804 in das Weimarer Fürstenhaus eingeheiratet hatte. Die Burg sollte wiederhergestellt werden, »damit sie

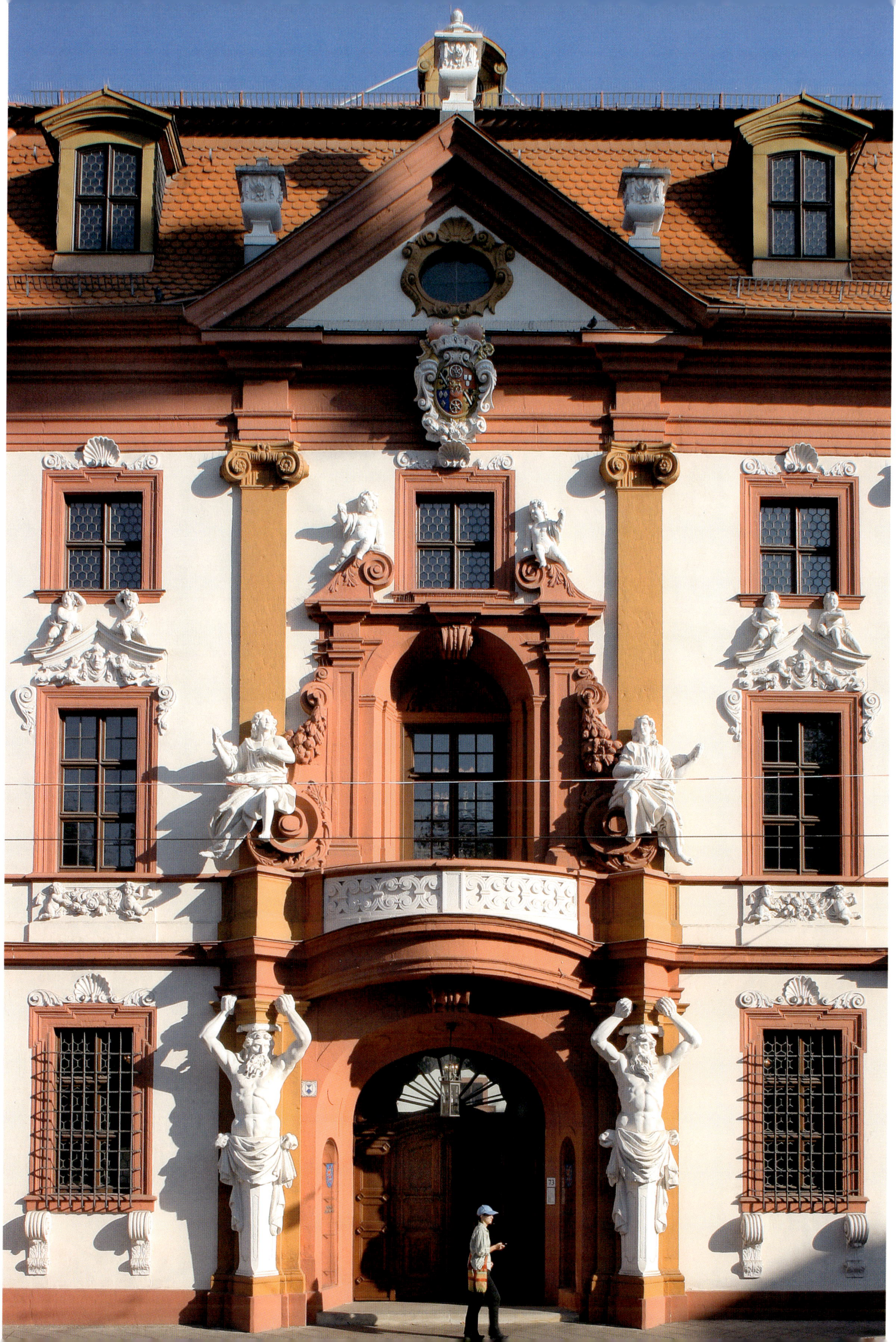

Bauwerk mit langer Geschichte: Die Anfänge des Mariendoms in Erfurt reichen zurück bis in das 13. Jahrhundert. Doch bebaut war der Erfurter Domberg schon in den Jahrhunderten zuvor (oben). Wasserpartie an der Gera in Erfurt mit Blick auf den Turm der Ägidienkirche (rechts).

ein treues Bild gebe zunächst von ihrer Glanzperiode im 12. Jahrhundert als Sitz mächtiger kunstliebender Landgrafen und als Kampfplatz der größten deutschen Dichter des Mittelalters; und dann später, im Anfang des 16. Jahrhunderts, als Asyl Dr. Martin Luthers«. Mit der »neuen« Wartburg müsse »die historisch und politisch-faktische Bedeutung, zweitens ihre Bedeutung für die Entfaltung des Geistes und namentlich der Poesie, drittens ihre Bedeutung für die Reformation und viertens ihre katholisch-religiöse Bedeutung« herausgestellt werden, forderte Großherzog Carl Alexander (1818–1901) am 10. Dezember 1853 in der Gründungsurkunde für den neuen Hauptturm. Baumeister war der Gießener Architekt Hugo von Ritgen, der jedoch den Abschluss der Bauarbeiten 1890 nicht mehr miterleben konnte. Künstlerisch federführend auf der Burg war der Spätromantiker Moritz von

Kinder in Thüringer Tracht tanzen beim Krämerbrückenfest in Erfurt (links). – Dom (links) und Severikirche (rechts) prägen unverkennbar die weithin sichtbare Stadtsilhouette von Erfurt. Unterhalb der Severikirche legte man Reste einer romanischen Kirche frei (unten).

Schwind. Die Fresken zum Sängerkrieg, zu Thüringer Sagen und vor allem zur heiligen Elisabeth gehören zu seinen besten und bekanntesten Werken.

Der reale Bauherr indes, der als liberal geltende Weimarer Landesvater Carl Alexander, zog nach dem Wiederaufbau ein gleichwohl nüchternes wie selbstbewusstes Resümee: »Die Wartburg ist ein wahres Juwel geworden für die gebildete Welt überhaupt, für das deutsche Vaterland im Besonderen.« Seit 1999 gehört die Burg zum Weltkulturerbe der UNESCO. Ein nationales Symbol für Einheit und Freiheit ist sie spätestens 1817 seit dem Wartburgfest der Burschenschaften und dem Gedenken an Martin Luthers Thesenanschlag in Wittenberg 300 Jahre zuvor. Doch der Weg bis zur Verwirklichung der Einheitsvisionen war lang – ganz besonders auch für Thüringen.

Eine der ältesten Regionen

Besucher des heutigen Freistaates begeben sich mit ihrer Tour zu bewaldeten Bergeshöhen und stillen Tälern, durch weite Ebenen und an lauschige Flussufer, zu stolzen Residenzen oder in romantische Fachwerkdörfer in eine der ältesten Regionen Deutschlands. Wo heute Autobahnen, Fernstraßen, ICE-Trassen und zahlreiche touristische Themenrouten das Land durchqueren, trafen sich seit jeher die großen Handelswege von Nord nach Süd und von West nach Ost kreuz und quer durch Europa. Sie begünstigten die ersten Ansiedlungen ebenso wie die Entwicklung von Handwerk und Gewerbe. Sie brachten aber ebenso Elend und Verwüstung, wenn immer wieder Söldnerheere und Armeen durchzogen.

Mit dem Aufkommen von Tourismus und Wintersport im 19. Jahrhundert wurde auch Thüringen zum Reiseland. Anziehungspunkt Nummer eins war und ist der Thüringer Wald. Obwohl der Höhenzug mit dem Großen Beerberg bei Oberhof an seiner höchsten Stelle lediglich 982 Meter misst, liegen die Temperaturen »auf dem Wald« im Durchschnitt um etwa fünf Grad unter den

Der mittelalterliche Palas (rechts: Arkaden im Erdgeschoss) gehört zu den ältesten erhaltenen Bauten der Wartburg bei Eisenach, die jährlich von einer halben Million Touristen aus aller Welt besucht wird. Der Sängersaal (unten) und die Elisabethkemenate (Mitte) entstanden mit dem Wiederaufbau im 19. Jahrhundert im Stil des Historismus.

Werten des Vorlandes. Mindestens ebenso auffällig wie das rauere Klima auf den Höhen sind für Auswärtige die unterschiedlichen Sprachmelodien in den einzelnen Gegenden. Fachleute haben für Thüringen nicht weniger als neun Mundartlandschaften herausgefunden.

Bunter Flickenteppich

Wer bei einer Reise durch mehr als 1500 Jahre Geschichte die Wurzeln des Freistaates entdecken will, sollte sich vor allem vier Adelshäuser merken: Ernestiner, Schwarzburger, Reußen und Henneberger. Sie begegnen einem, in dieser oder jener Form, buchstäblich auf Schritt und Tritt. Einige der Fürstenhäuser haben sich durch kluge Heiratspolitik mit dem europäischen Hochadel zwischen Berlin, London, Sofia und Moskau verbunden. Doch weil es im Laufe der Zeit zu immer neuen Erbteilungen mit immer neuen Nebenresidenzen und kleinen Adelssitzen kam, wird aus heutiger Sicht die Situation sehr schnell verwirrend bis unübersichtlich. Leicht übertrieben wurde Thüringen gelegentlich beschrieben als »27 selbstständige Staaten, regiert von 27 fürstlichen oder gräflichen Familien, die alle miteinander, dem Zug der Zeit folgend, danach strebten, das Ideal des absoluten Staates zu verkörpern, ein nach großen Vorbildern ausgerichtetes Hofleben zu führen und ihren Residenzen durch kostspielige Bauten Glanz und Ansehen zu verleihen«. Im Berlin der Gründerzeit um 1871 galten die Thüringer Fürsten als »Zaunkönige Bismarcks«. Und der konservative preußische Historiker Heinrich von Treitschke dozierte 1882: »Unter allen den Unheilsmächten, welche unserem Volke den Weg zur staatlichen Größe erschweren, steht die durchaus unpolitische Geschichte dieser Mitte Deutschlands vielleicht obenan. Fast alle andern deutschen Stämme nahmen doch irgend einmal einen Anlauf nach dem Ziele politischer Macht, die Thüringer niemals. Unsere Cultur verdankt ihnen unsäglich viel, unser Staat gar nichts.«

Ganz so dramatisch indes wird es wohl nicht gewesen sein. Die groben Linien für die Entwicklung in der Region zwischen Harz und Thüringer Wald, Werra und Saale sind durchaus erkennbar. Nachdem die Franken dem mittelalterlichen Reich der Thüringer im Jahr 531 vernichtende Schläge versetzten, überlebte wenigstens der Begriff »Thoringia«. Die spätere Landgrafschaft der Ludowinger fiel als Erbe des kinderlosen Landgrafen Heinrich Raspe 1247 an die Ernestiner aus dem Hause Wettin. Die

Der Festsaal des Palas ist regelmäßig Ort für Konzerte mit namhaften Ensembles und Solisten. Die Kassettendecke verleiht dem Saal eine ausgezeichnete Akustik. 1993 verabschiedete hier der Thüringer Landtag auf einer Festsitzung die Verfassung für den nach der Wiedervereinigung neu entstandenen Freistaat Thüringen.

Leipziger Teilung von 1485 bestätigte weite Gebiete des heutigen Thüringen als ernestinischen Herrschaftsbereich, der bis 1918 die Region dominierte. Die Residenzstädte Altenburg, Gotha (mit dem heute bayerischen Coburg), Meiningen und Weimar mit Eisenach wurden zu lebendigen geistig-kulturellen Zentren von teilweise überregionaler Ausstrahlung.

Die Dynastie der Schwarzburger gab es schon im 8. Jahrhundert. Vom ersten Hauptsitz, der Käfernburg in Arnstadt, steht heute nur noch der Turm. Wichtige Residenzen waren Schwarzburg, Rudolstadt und Sondershausen. Mit Günther XXI. Graf von Schwarzburg-Blankenburg war 1349 ein mittelalterlicher Schwarzburger sogar für wenige Monate deutscher König. Der Ursprung der Reußen in Ostthüringen geht zurück auf die Vögte von Weida, Gera und Plauen. Mit zeitweise zehn nebeneinander bestehenden Linien gilt besonders dieses Fürstenhaus als Paradebeispiel für die viel geschmähte deutsche Kleinstaaterei. Die Reußische Fürstenstraße durch das heutige Ostthüringen erleichtert Besuchern ein Kennenlernen der einstigen Stammlande um Gera, Weida, Greiz, Schleiz oder Lobenstein.

Die Grafen von Henneberg vom gleichnamigen Stammschloss zwischen Meiningen und Mellrichstadt sind 1583 ausgestorben. Sie waren eine der mächtigsten fränkischen Adelsfamilien und bemühten sich um eine politische und kulturelle Annäherung zwischen Franken und Thüringen. An die alte Dynastie erinnern Städte wie Schleusingen und Römhild, aber auch zahlreiche Klöster und Wallfahrtskirchen in Südthüringen.

Ein einheitliches Staatswesen entstand aus diesem bunten Flickenteppich erst im 20. Jahrhundert. Bei der Landesgründung von 1920 fehlten jedoch Coburg, das seitdem zu Bayern gehört, sowie die einstigen Kurmainzer und später preußischen Gebiete mit Erfurt und Teilen Nord- und Südthüringens. Sie kamen wie das seit dem 16. Jahrhundert hessische Schmalkalden erst 1944 dazu. Nachdem das Land 1952 in die drei DDR-Bezirke Erfurt, Gera und Suhl geteilt wurde, gehört Thüringen seit dem 3. Oktober 1990 als kleinstes der ostdeutschen Bundesländer zur Bundesrepublik Deutschland. 1993 gab sich Thüringen die Verfassung eines Freistaates – mit einer Festsitzung des Landtages auf der Wartburg.

Zwischen Krieg und Frieden

Die Kleinstaaterei von einst ist der Reichtum von heute. Mit mehr als 30 000 Bau- und etwa 3000 Bodendenkmalen ist Thüringen das Bundesland mit der größten Dichte solcher historischer Sachzeugen. Viele dieser Bauwerke erzählen vom bewegten Auf und Ab in der Landesgeschichte. Darüber hinaus künden landesweit über 140 Museen von Wissenschaft, Kunst und Brauchtum der Thüringer im Wandel der Jahrhunderte. Häufig zerstörten jedoch Machtkämpfe und Kriege, was im friedlichen Alltag aufgebaut worden war. So blieben von der Brandenburg an der Werra, der Reichs-

Die Wartburg bei Eisenach (Mitte) ist das weltweit wohl bekannteste Symbol Thüringens und gilt vielen als »die deutscheste aller Burgen«. Unter Landgraf Hermann I. (links) erblühte die Burg zum weithin gerühmten Musenhof. Der sagenhafte Sängerkrieg (oben: mittelalterliche Darstellung) erlangte durch Richard Wagners »Tannhäuser« Weltruhm. Untrennbar verbunden mit der Burg ist aber auch das mildtätige Wirken der heiligen Elisabeth von Thüringen (linke Seite), deren Geburtstag sich 2007 zum 800. Mal jährt.

Daten und Bilder zur Geschichte

1 Wappen der Thüringer Landgrafen. – 2 Kurfürst Friedrich der Weise (1463–1525), gemalt von Lucas Cranach d. Ä. (1472–1553). 3 Zug der Studenten zum Treffen der Burschenschaften am 18. Oktober 1817 auf der Wartburg. – 4 Auch in Thüringer Grenzorten zur BRD baute die DDR eine Mauer. Vacha war 1962 als erste Stadt betroffen. 5 Erste Sitzung des Kabinetts Scheidemann am 13. Februar 1919 in Weimar. – 6 Die »Spirale des Friedens« im Grenzmuseum »Point Alpha« bei Geisa. – 7 Über 100 000 Menschen kamen 1990 zu einer Veranstaltung zu den ersten freien Wahlen in der DDR auf den Erfurter Domplatz. – 8 Ehemalige Buchenwald-Häftlinge gedenken der Befreiung. – 9 Der thüringische Ministerpräsident Dieter Althaus (rechts) und sein Amtsvorgänger Bernhard Vogel (links).

350 000/300 000 v. Chr.: älteste Zeugnisse von Steinzeitmenschen bei Bilzingsleben.

Um 380 n. Chr.: erstmalige Erwähnung des Namens »Thoringi« bei Flavius Vegetius Renatus.

531: Untergang des Thüringerreiches unter König Hermenefried durch Sieg der Franken und Sachsen bei Burgscheidungen an der Unstrut. Thüringen von Franken, Sachsen und Slawen besiedelt.

725: Beginn der Missionierung Thüringens unter Bonifatius, der noch im gleichen Jahr in Ohrdruf ein erstes Kloster eröffnet.

742: Bonifatius gründet das Bistum Erfurt, das 754/755 in das Erzbistum Mainz eingegliedert wird.

1067/80: Ludwig der Springer erwirbt Eisenach und die Wartburg.

1190–1217: Unter Landgraf Hermann I. wird die Wartburg ein kulturelles Zentrum der mittelhochdeutschen Dichtung mit dem legendären Sängerkrieg um 1206.

1217–1227: Auf der Wartburg regieren Landgraf Ludwig IV. und Landgräfin Elisabeth, Tochter des ungarischen Königs Andreas.

1264: Nach dem Tod des kinderlosen Landgrafen Heinrich Raspe IV. fällt die Landgrafschaft an den Wettiner Markgrafen Heinrich den Erlauchten von Meißen.

1392: Eröffnung der Universität Erfurt, an der 1460 bis 1521 der Humanismus aufblüht.

17.6.1485: Leipziger Teilungsvertrag zwischen Kurfürst Ernst und Herzog Albrecht von Sachsen. Der wettinische Besitz in Thüringen zerfällt in einen nördlichen albertinischen und einen südlichen ernestinischen Teil.

1486–1525: Regierungszeit von Friedrich dem Weisen. Als Förderer der Reformation nimmt er 1521/1522 Martin Luther auf der Wartburg in Schutzhaft. Der Reformator übersetzt hier das Neue Testament und schafft so die Grundlagen einer Schriftsprache.

1525: Der Bauernkrieg erlebt mit dem Aufstand bei Frankenhausen seinen Höhepunkt. Der Prediger und Bauernführer Thomas Müntzer wird nach der Niederschlagung bei Görmar hingerichtet.

1530: Die Reformation ist in Thüringen weitgehend abgeschlossen.

1531: Gründung des Schmalkaldischen Bundes zum Schutz der Reformation. Nach der Niederlage bei Mühlberg im Schmalkaldi-

1930: Mit Wilhelm Frick als Innen- und Volksbildungsminister ist erstmals die NSDAP an einer Landesregierung beteiligt. 1932/1933 stellt Thüringen unter Ministerpräsident Fritz Sauckel die erste Nazi-Regierung.

1937: Auf dem Ettersberg bei Weimar wird von den Nationalsozialisten das Konzentrationslager Buchenwald eingerichtet. Bis zur Befreiung am 11.4.1945 sterben hier 56 000 Menschen. Weitere 7000 Menschen kommen im Internierungslager um, das die sowjetische Besatzungsmacht bis 1950 im einstigen KZ betreibt.

1945: Besetzung Thüringens durch alliierte amerikanische und später sowjetische Truppen. Nach Auflösung der Länder in der DDR entstehen am 25.7.1952 in Thüringen die drei Bezirke Erfurt, Gera und Suhl.

1952: Mit der Befestigung der innerdeutschen Grenze wird Thüringen schrittweise von seinen Nachbarn Bayern, Hessen und Niedersachsen abgeriegelt. Bei Aktionen der Staatssicherheit werden in diesem Jahr und nach dem Bau der Berliner Mauer 1961 Tausende Menschen aus dem Grenzgebiet in andere Teile der DDR zwangsausgesiedelt.

14.10.1990: Neubildung des Landes mit Erfurt als Landeshauptstadt. Drei Jahre später gibt sich Thüringen auf der Wartburg die Verfassung eines Freistaates.

1999: Weimar begeht den 250. Geburtstag Johann Wolfgang Goethes mit einem ganzjährigen Fest als »Kulturstadt Europas«.

17.12.2005: Die Freigabe der Autobahn A71 verbessert die Anbindung der Region an das europäische Fernstraßennetz.

schen Krieg 1546/1547 verliert Johann Friedrich I. mit einem Teil seiner Lande auch die Universität Wittenberg. Weimar wird ernestinische Hauptresidenz.

1548–1555: Gegenreformation und Rekatholisierung des Eichsfeldes in Nordthüringen.

1558: Die zehn Jahre zuvor nach dem Verlust der Wittenberger Universität von Johann Friedrich I. in Jena gegründete Hohe Schule wird Universität.

1775–1828: In der Regierungszeit von Carl August werden Weimar und Jena zu Zentren der deutschen Literatur und Philosophie.

1806: Schlacht bei Jena und Auerstedt zwischen Napoleon und Preußen.

1815: Gründung der Urburschenschaft in Jena.

1817: Wartburgfest der deutschen Studenten.

1918: Abdankung der thüringischen Fürstenhäuser.

1919: Tagung der deutschen Nationalversammlung in Weimar und Gründung der Weimarer Republik.

1.5.1920: Gründung des Landes Thüringen aus sieben Kleinstaaten ohne den preußischen Regierungsbezirk Erfurt. Der Kreis Coburg entscheidet sich für Bayern.

21

burg Kyffhausen und der Raubritterburg Hanstein nur noch imposante Ruinen. Der Bauernkrieg von 1524/1525 setzte vor allem den etwa 200 Klöstern im Land heftig zu. Eine der weitgehend vernichteten Anlagen war Volkenroda bei Mühlhausen. Seit einigen Jahren erlebt sie als offener Ort für Tagungen und Begegnungen so etwas wie eine Wiedergeburt.

Auch in Friedenszeiten verlor Thüringen viele seiner historischen Bauten. Zwar befahl die sowjetische Militärverwaltung im September 1945, etwa 130 Schlösser und Herrensitze für soziale

Vom Werden einer Metapher

Die Metapher vom »grünen Herzen Deutschlands« kam im 19. Jahrhundert auf, als sich ein neues Thüringen-Bewusstsein entwickelte. 1838 schwärmte der Meininger Schriftsteller Ludwig Bechstein in einem Wanderbuch vom »Thüringer Grün«. Sein Zeitgenosse Ludwig Storch aus Ruhla bei Eisenach war sogar der Meinung, der Thüringer Wald sei in der »Mitte Deutschlands« ein »grünes Blatt« in »Gestalt eines Herzens«.

Die nach der Reichsgründung von 1871 entstandenen Heimat- und Wandervereine nahmen das ansprechende Sinnbild ebenso dankbar auf wie Werbekampagnen in der Weimarer Republik und während des Nationalsozialismus. Mit der deutschen Teilung wurde es dann jedoch ruhig um das »grüne Herz«. Umso kräftiger begann es nach 1989 wieder zu schlagen. Tourismusexperten und Marketingstrategen entdeckten den Slogan erneut als sympathischen Werbeträger für das kleine Land in Deutschlands Mitte.

Zwecke zu nutzen und die großen Anlagen zu erhalten. Doch gleichzeitig wurde fleißig abgerissen. Bis 1951 verschwanden weit über 250 Gebäude mit adliger Vergangenheit – die meisten davon in der Umgebung von Weimar. Bis zum Ende der DDR kamen durch landwirtschaftliche Nutzung und unzulängliche Denkmalpflege weitere Verluste und gravierende Schäden hinzu. Negativbeispiele sind hier die Schlösser in Eisenberg und in Saalfeld.

Reformation – Deutsche Klassik – Weimarer Republik

Drei Ereignisse in der Thüringer Geschichte weisen in ihren Auswirkungen weit über Zeit und Ort ihres Geschehens hinaus – die Reformation, die deutsche Klassik und die Weimarer Republik. Dieser Dreiklang bestimmt bis heute, neben allem touristischen Interesse, das Bild von Thüringen in Deutschland und der Welt. Die Voraussetzungen für den Umbruch im 16. Jahrhundert waren hier deutlich günstiger als anderswo in den deutschen Landen. Klöster in Thüringen wie das der Augustiner-Eremiten in Erfurt galten schon seit dem Mittelalter als offen und reformfreudig. Kurfürst Friedrich der Weise, zunächst aufmerksamer Beobach-

Fortsetzung Seite 29

Verwunschene Landschaft im herbstlichen Morgenlicht: die Plothener Teiche bei Schleiz (ganz oben). – Wasserwanderer auf der Unstrut (linke Seite). Gleitschirmflieger vor der Leuchtenburg bei Kahla (oben).

Fachwerkromantik pur – in der Altstadt von Schmalkalden.

Etage mit Aufzug
4 - 300 m² zu vermieten
Tel. 03 68 42 / 2 10 89
Spielwaren
Drogerie
Müller

Vielfältig wie das Land

Die Thüringer Küche bietet mehr als Bratwurst und Bier

1 Gedeckter Tisch im Meininger »Schlundhaus« mit Gänsebraten, Rotkohl und Klößen, die hier »Hütes« heißen. – 2 Mittelalterliche Erlebnisgastronomie verspricht der »Klausenhof« im Eichsfeld. 3, 4 Forellen aus klaren Gebirgsbächen in unterschiedlichen Variationen. – 5, 6 Mit Thüringer Spezialitäten wurde schon zu früheren Zeiten geworben. – 7 Der am Spieß über offenem Feuer bereitete Mutzbraten ist vor allem in Ostthüringen verbreitet. 8 Thüringer Wurst hat weit über die Region hinaus einen guten Ruf. 9 Das Formen von Klößen will gelernt sein. – 10 Original Thüringer Bratwürste vom Grill sind weit verbreitet.

Hedwig Kost hat noch gewusst, wie es geht. Die Hauswirtschaftlerin, 1871 in Steinach geboren, weihte in ihrer Sonneberger Kochschule unzählige junge Frauen in die Geheimnisse der Thüringer Küche ein. Ihr »Kochbuch« ist bis heute unverzichtbar für jeden, der von Fastfood genug hat. Die Rezepte reichen von Suppen über Fleisch, Fisch und Geflügel bis zu Süßspeisen, Kuchen und zur »Krankenküche«. Ein Blick in die Sammlung bestätigt, was schon jede Thüringer Speisekarte offenbart: Hier dominiert eine deftige Kost. Die Varianten von Klößen mit allerlei Braten sowie Rostbrätl und Rostbratwürsten sind vielfältig wie das Land. Eine Besonderheit in Ostthüringen ist der Schmöllner Mutzbraten, ein über offenem Birkenholzfeuer gebratenes Stück Schweinekamm. Herzhaft ist auch die kalte Küche. Dabei sind die wechselnden Feinheiten im Geschmack von Leberwurst und Rotwurst oder Sülze und Schinken kaum zu überblicken. Unterschiedliche Bezeichnungen machen die Verwirrung komplett. So heißen die weithin bekannten kleinen Knackwürste im Eichsfeld Feldgieker. Thüringer Klöße zu Braten von

's für die Liebe, für'n Magen oder für'n Durst,
chts geht über 'ne Thüringer Rostbratwurst.

Während Senf »erlaubt« ist, sehen die Einheimischen in Ketchup auf der Wurst fast so etwas wie eine Kulturschande.
Auf den Getränkekarten gibt es neben dem berühmten Köstritzer Schwarzbier zahlreiche andere heimische Biere zu entdecken.

Kalb, Rind, Schwein oder Geflügel sind seit Generationen so etwas wie ein Nationalgericht. Wer etwas auf sich hält in der modernen Gastronomie, lässt deshalb die Tiefkühlware in der Truhe und greift stattdessen selbst zu Reibeisen, Presssack und dem unverzichtbaren großen Holzquirl. Die rohen geriebenen und ausgepressten Kartoffeln werden mit heißem Kartoffelbrei überbrüht, zu einem glatten Teig verrührt und »mit nassen Händen« geformt. Dann kommen die Klöße »in kochendes Wasser, in dem sie zehn Minuten ziehen, nicht kochen dürfen«. Die Anleitung von Hedwig Kost ist freilich nur die halbe Wahrheit. Wie fast immer in der Küche sind es auch bei Thüringer Klößen erst die kleinen Tricks und Kniffe, die das Kartoffelgericht zur würdigen Beilage für Gebratenes und Gesottenes machen. Dessen Rezepturen sind nahezu grenzenlos, weshalb ein Vergleich an verschiedenen Orten durchaus lohnt. Und weil mehrere Gegenden die Ursprünge der Klöße für sich beanspruchen, schmecken auch sie überall etwas anders.

Ganz ähnlich ist es bei den seit 1404 bekannten Bratwürsten. 600 Jahre später wurden sie als Thüringer Spezialität unter den besonderen Schutz des europäischen Rechts gestellt, der unbefugte Nachahmung verhindern soll. Ihre Geschmacksvarianten sind nahezu unergründlich. Mancherorts heißen sie Rostwurst oder einfach nur Roster. In jedem Fall aber schmecken sie am besten in einer aufgeschnittenen Semmel frisch vom Bratwurststand. Den gibt es auf jedem größeren Marktplatz und garantiert in mehrfacher Ausführung bei den zahlreichen Volksfesten.

Viele kleine Brauereien haben seit 1990 ihre Kundschaft neu erobert. Wachsender Beliebtheit erfreut sich zudem Wein aus Thüringen. Er reift auf nur 50 Hektar über der Ilm bei Bad Sulza. Neben Weißweinen wie Müller-Thurgau, Gutedel, Kerner und Traminer kommen auch Rotweine wie Frühburgunder oder Regent auf den Markt. Die Thüringer Rebfläche gehört zum nördlichsten deutschen Weinbaugebiet Saale-Unstrut mit insgesamt 650 Hektar überwiegend in Sachsen-Anhalt. Schließlich lohnt eine Einkehr zur Kaffeezeit, um typische Blechkuchen kennen zu lernen. Selbstbewusst behaupten sie in der Thüringer Küche ihren angestammten Platz gegen üppige Torten.

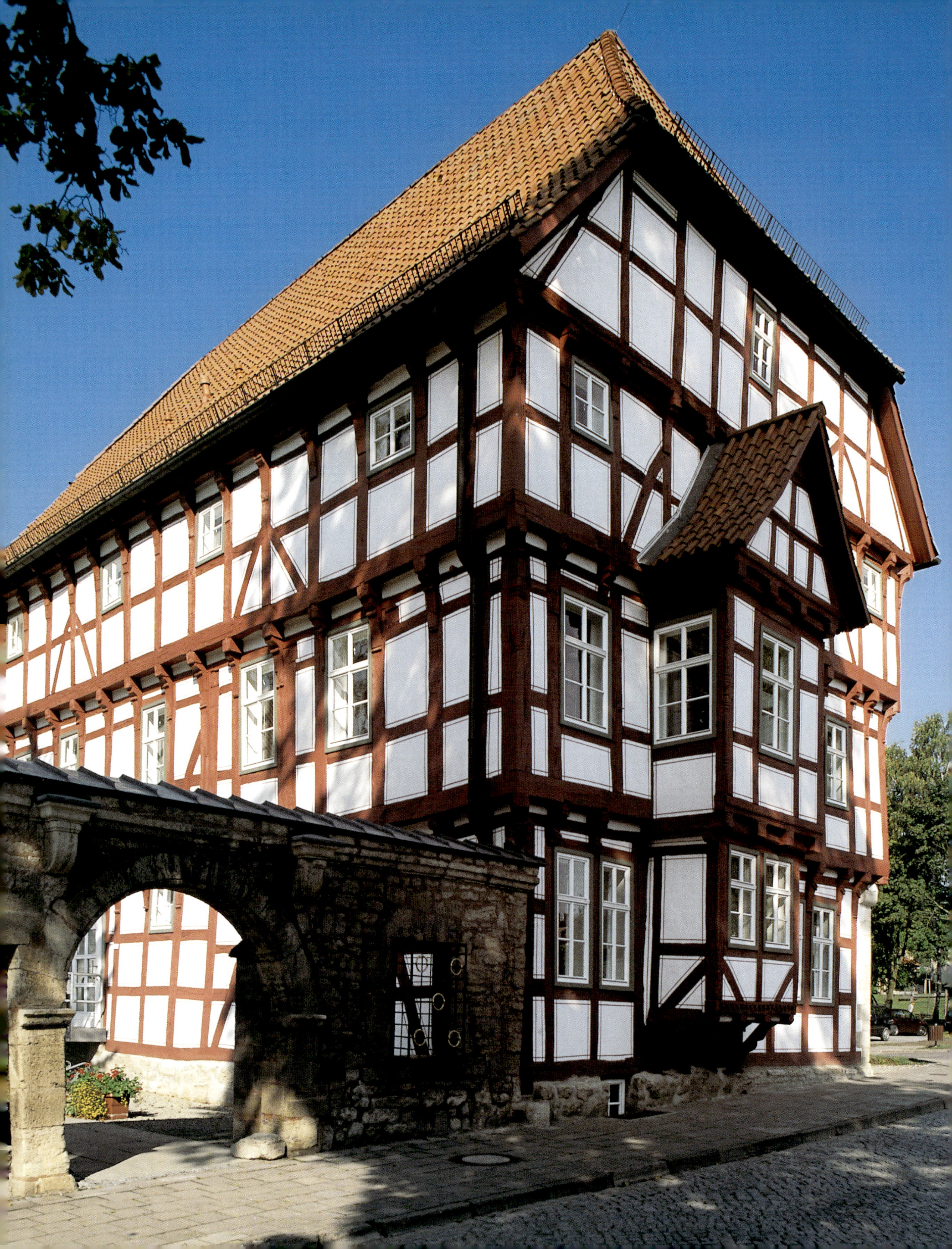

Ehemaliges kurmainzisches Amtshaus in Worbis (linke Seite). Lebendige Vergangenheit im Thüringer Freilichtmuseum Hohenfelden (links und unten) und im Hennebergischen Museum Kloster Veßra (ganz unten).

ter der Entwicklung nach 1517, stellte sich schließlich an die Spitze der Bewegung, als er den bedrohten Reformator Martin Luther 1521 nach dem Reichstag in Worms auf der Wartburg in Sicherheit bringen ließ.

Zwar verloren die Protestanten im Schmalkaldischen Krieg 1547 die Schlacht gegen die kaiserlich-katholischen Truppen. Der damit verbundene Verlust der Kurwürde und der wittenbergischen Kurlande machte jedoch Weimar zur Hauptresidenz der Ernestiner in den verbliebenen Thüringer Gebieten. Nach fünfjähriger Gefangenschaft bezog Johann Friedrich 1552 die damalige Weimarer Burg Hornstein, in seinem Gefolge der fast 79-jährige Hofmaler Lucas Cranach. An den wichtigsten Chronisten der Reformation erinnert in Weimar im Schloss die Cranach-Galerie und in der Stadtkirche der große Reformationsaltar.

Um 1800 wurde Weimar mit der deutschen Klassik zum europäischen Ereignis. Am Anfang standen die berühmten »Tafelrunden« von Herzogin Anna Amalia mit großen Geistern ihrer Zeit. Den Höhepunkt prägten die klassischen »großen vier« – Johann Wolfgang von Goethe, Friedrich von Schiller, Johann Gottfried von Herder und Christoph Martin Wieland. Unterstrichen wurde das kulturelle Selbstverständnis zudem durch die Nebenresidenz Eisenach mit der Wartburg und ihrer Bedeutung für das Mittelalter und in der Reformation.

Der von der Klassik geprägte und häufig beschworene »Geist von Weimar« ließ die Stadt 1919 als Tagungsort der Nationalversammlung zur Geburtsstätte der ersten deutschen Demokratie werden. Nach den Beratungen im Nationaltheater unterzeichnete Reichspräsident Friedrich Ebert schließlich am 11. August 1919 in Schwarzburg die Reichsverfassung. Doch wie brüchig die damit begründete Weimarer Republik war, sollte sich in der Stadt ihrer Gründung schon bald in drastischer Weise zeigen. Ab 1926 war Weimar bevorzugter Aufmarschplatz für Hitlers NSDAP. Nationalsozialisten saßen bereits ab 1930 in der Landesregierung. 1937 errichtete die SS bei Weimar das Konzentrationslager Buchenwald, in dem bis zur Befreiung am 11. April 1945 mindestens 56 000 Menschen umgebracht wurden.

Mit dem Ende der deutschen Teilung verschwand in Thüringen der längste innerdeutsche Grenzabschnitt. Umso freudiger waren im November 1989 die Begegnungen der Menschen an den durchtrennten Zäunen zwischen Hirschberg und Heiligenstadt.

Thüringer Gastlichkeit: Das »Schlundhaus« in Meiningen verspricht deftige Kost im rustikalen Ambiente (oben). – Am Ortsbild von Steinbach ist deutlich zu erkennen, wie einst in den Tälern des Thüringer Waldes die Siedlungen entstanden (rechts).

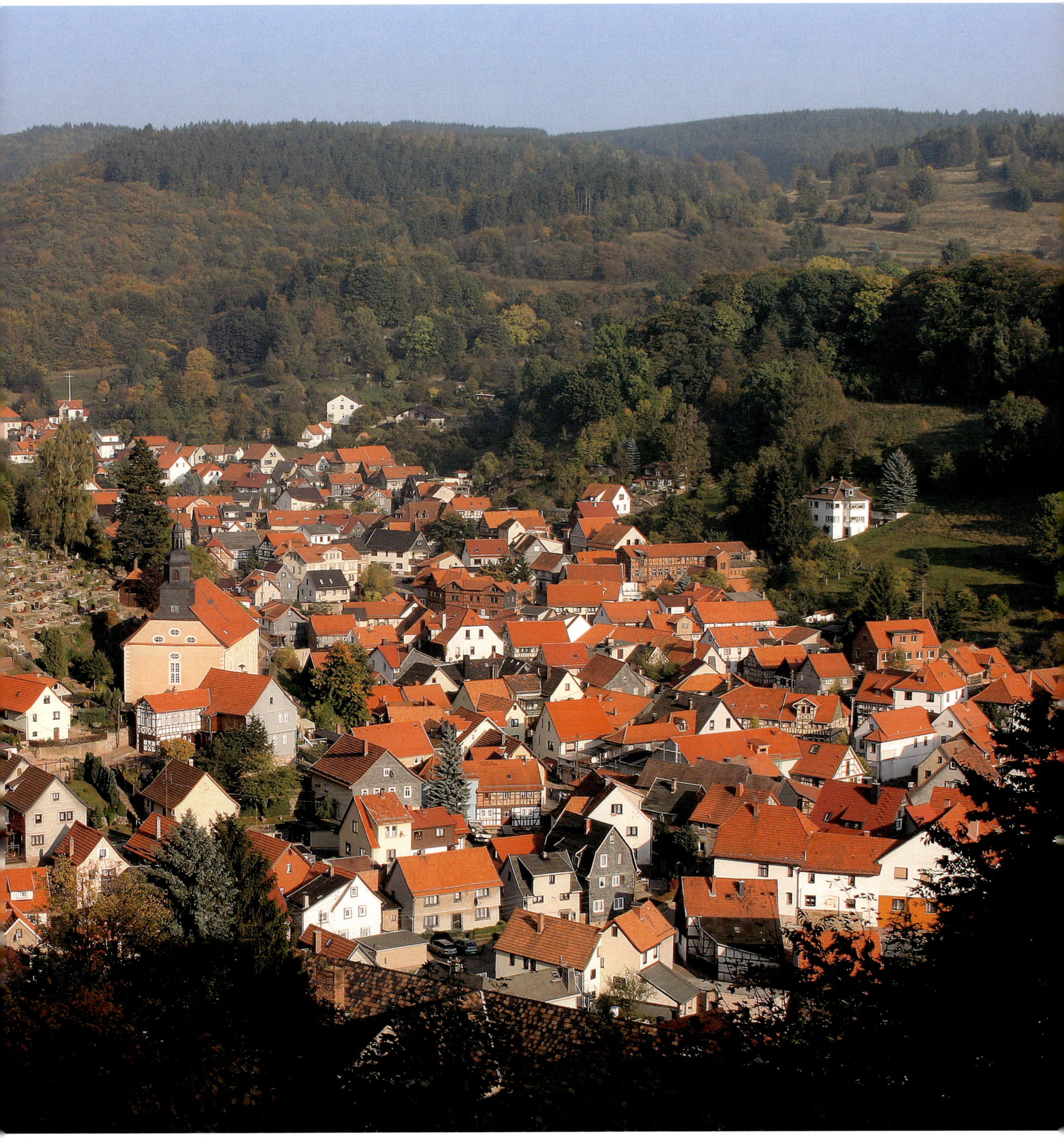

Panorama am Dolmar, dem »Hausberg« der Meininger.

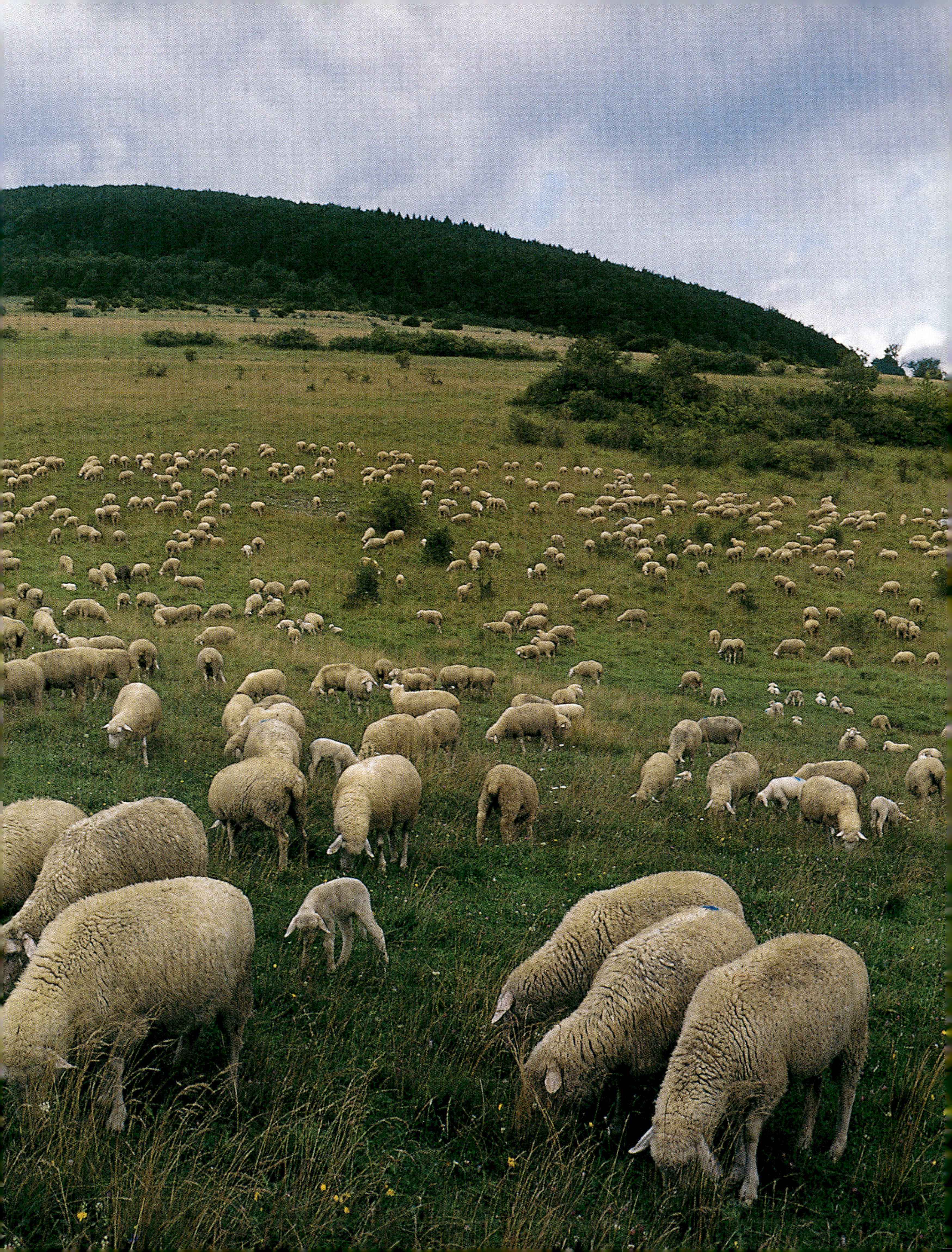

Einheimische, Zugezogene und Durchreisende

Prominente Thüringer kamen oft von außerhalb

1 Die Herzogin Anna Amalia (1739–1807), Gemälde von Johann Heinrich Wilhelm Tischbein (1751–1829). – 2 Heinrich Schütz (1585–1672), Hofkapellmeister aus Köstritz, zeitgenössische Darstellung. – 3 Christoph Martin Wieland (1733–1813), gemalt 1779. – 4 August Wilhelm Schlegel (1767–1845), zeitgenössisches Gemälde. – 5, 6 Johann Sebastian Bach (1685–1750) in Eisenach: Bach-Haus und Denkmal. – 7 Johann Wolfgang von Goethe (1749–1832). – 8 Friedrich Schiller (1759–1805). – 9 Carl Zeiss (1816–1888). – 10 Designer Henry van de Velde (1863–1957). 11 Joseph Meyer (1796–1856).

Mit seinen Berühmtheiten bietet Thüringen eine ausgewogene Mischung von Einheimischen, Zugezogenen und Durchgereisten. Schon die berühmte heilige Elisabeth am mittelalterlichen Landgrafenhof war eine Königstochter aus dem fernen Ungarn. Als Zehnjährige 1217 auf der Wartburg verlobt und vier Jahre später verheiratet, musste die verwitwete Landgräfin, nachdem Ludwig IV. 1227 auf einem Kreuzzug in Italien gestorben war, die Burg wieder verlassen. Sie ging nach Marburg, wo sie ein Hospital gründete und 1231 starb. Auch Herzogin Anna Amalia (1739–1807), die Weimar einst zu geistiger Blüte verhalf, kam als Geborene von Braunschweig-Wolfenbüttel von außerhalb in ein Thüringer Fürstenhaus. Zugereiste waren ebenfalls die »großen vier« der Weimarer Klassik – Johann Wolfgang von Goethe (1749–1832), Friedrich von Schiller (1759–1805), Johann Gottfried von Herder (1744–1803) und Christoph Martin Wieland (1733–1813) – ebenso wie die Frühromantiker in Jena: August Wilhelm (1767–1845) und Karoline von Schlegel (1763–1809), Friedrich (1772–1829) und Dorothea von Schlegel (1763–1839) oder Ludwig Tieck (1773–1853).

Dagegen kamen mit Heinrich Schütz (1585–1672) und Johann Sebastian Bach (1685–1750) zwei der bedeutendsten deutschen Musiker aus Thüringen. Schütz stammte aus einem Gasthof in Köstritz und war später unter anderem Hofkapellmeister in Gera. Im Zeitalter des Dreißigjährigen Krieges verband er in seiner geistlichen Chormusik deutsche Schwermut mit italienischer Leichtigkeit. Ein Jahrhundert danach setzte der Eisenacher Musikantensohn Bach mit seinen Orgel-, Chor- und Orchesterwerken bleibende Maßstäbe weit über Deutschland hinaus. Die wichtigsten Thüringer Bach-Orte sind Arnstadt, Mühlhausen und Weimar. Im 19. Jahrhundert verhalf das ungarische Komponistengenie Franz Liszt (1811–1886) als Auswärtiger dem »Silbernen Zeitalter« von Weimar zu wohlklingenden musikalischen Akzenten.

Von zahlreichen Thüringer Literaten sind ihre Werke meist bekannter als die Namen ihrer Schöpfer wie etwa bei dem Weihnachtslied »O Tannenbaum« oder dem Kinderlied »Fuchs, du hast die Gans gestohlen«. Nur wenige wissen den Namen des Liederdichters: Es war der 1780 geborene Ernst Gebhard Salomon Anschütz aus Goldlauter bei Suhl. Sein »Musikalisches Schulgesangbuch in drei Bänden« kennen wohl nur Musikwissenschaftler. Populärer als Rudolf Baumbach (1840–1905) dürfte der einstige Bundespräsidenten-Hit »Hoch auf dem gelben Wagen« sein. Und nicht jeder verbindet Thüringer Sagen und Märchen mit den Autoren Ludwig Bechstein (1801–1860) oder Karl August Musäus (1735–1787). Nicht zu vergessen die Arnstädterin Eugenie John (1825–1887), die als Marlitt zunächst für die »Gartenlaube« schrieb und später mit dem »Geheimnis der alten Mamsell« unsterblich wurde.

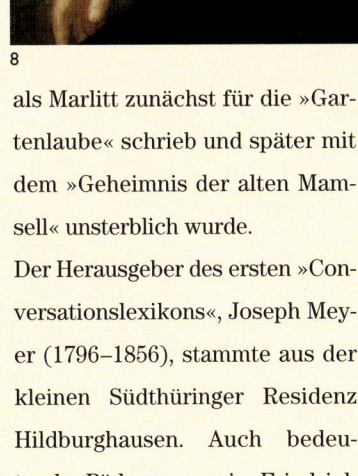

Der Herausgeber des ersten »Conversationslexikons«, Joseph Meyer (1796–1856), stammte aus der kleinen Südthüringer Residenz Hildburghausen. Auch bedeutende Pädagogen wie Friedrich Fröbel (1782–1852) oder Christian Gotthilf Salzmann (17441–1811) waren Thüringer. In Gotha legte Johann Georg Justus Perthes 1785 den Grundstein für die moderne Kartografie. Die Entwicklung Jenas zu einem High-Tech-Standort bereits im 19. Jahrhundert ist untrennbar verbunden mit Namen wie Carl Zeiss, Ernst Abbe und Otto Schott.

Zu Beginn des 20. Jahrhunderts war Thüringen erneut Durchgangsstation für einige bedeutende Künstler. Der belgische Architekt und Designer Henry van de Velde (1863–1957) hinterließ seine Handschrift gerade in Weimar und in Gera. Der Amerikaner Lyonel Feininger (1871–1956) lehrte am Weimarer Bauhaus und brachte nebenbei von seinen Radtouren durch die Dörfer Hunderte von Skizzen mit. Seine Zeichnungen und Gemälde gehören mit zu den schönsten Landschaftsdarstellungen aus Thüringen.

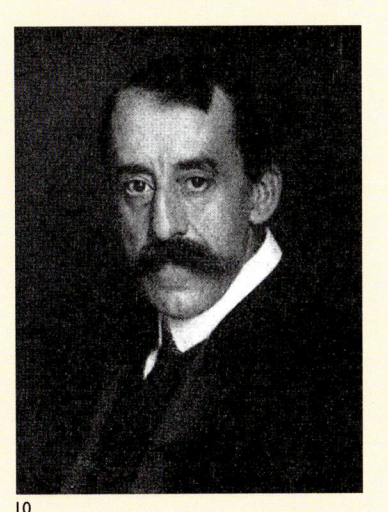

In der Mitte des Landes

Geschichte und Gegenwart im Thüringer Kernland

Blick von der Veste Wachsenburg in die Thüringer Landschaft (oben). Kinder einer Trachtengruppe beim Krämerbrückenfest in Erfurt (unten). Auf dem Erfurter Fischmarkt laden gegenüber des Rathauses Cafés zum Verweilen ein (rechte Seite).

Als Erfurter Landespolitiker 1990 in den USA Investoren für Thüringen gewinnen wollten, begegneten sie immer wieder ähnlichen Reaktionen: »What's Erfurt?« Der Name der Landeshauptstadt löste keinen Aha-Effekt aus, sondern eher neugierige Nachfragen. Doch mittlerweile hat die Metropole des Freistaates ihr Image als »große Unbekannte« verloren. Erfurt ist zu einer modernen und selbstbewussten Großstadt geworden, in der Alt und Neu auf engstem Raum miteinander verbunden sind.

Seit der Wiedervereinigung profilierte sich Erfurt zusehends zum High-Tech-Standort. Neue Schwerpunkte wurden Mikroelektronik und Mikrotechnik sowie die Solartechnik. Dabei kam der Universitätsstadt einmal mehr ihre zentrale Lage zugute: Im Technologiedreieck mit den beiden anderen Thüringer Hochschulstandorten Ilmenau und Jena ist Erfurt auch mit deren Potenzialen verbunden. Schließlich gewinnt die Landeshauptstadt als Medienstandort zunehmend an Bedeutung – nicht zuletzt durch den Kinderkanal KI.KA und das Festival für deutschsprachige Kinderfilme »Goldener Spatz«.

Bei alledem zeigt sich die Stadt ihren Besuchern lebendig und voller Atmosphäre. Noch immer gelten die Worte des sichtlich beeindruckten Schriftstellers Ludwig Bechstein von 1858: »Erfurt bietet so viel des Sehenswerten dar, dass ein wochenlanges Verweilen kaum hinreichen würde, die Schaulust zu begrenzen, zumal wenn dieselbe Freude am Altertum hätte.« Am Anger sind die Gebäude rechts und links der modernen Einkaufsmeile eine

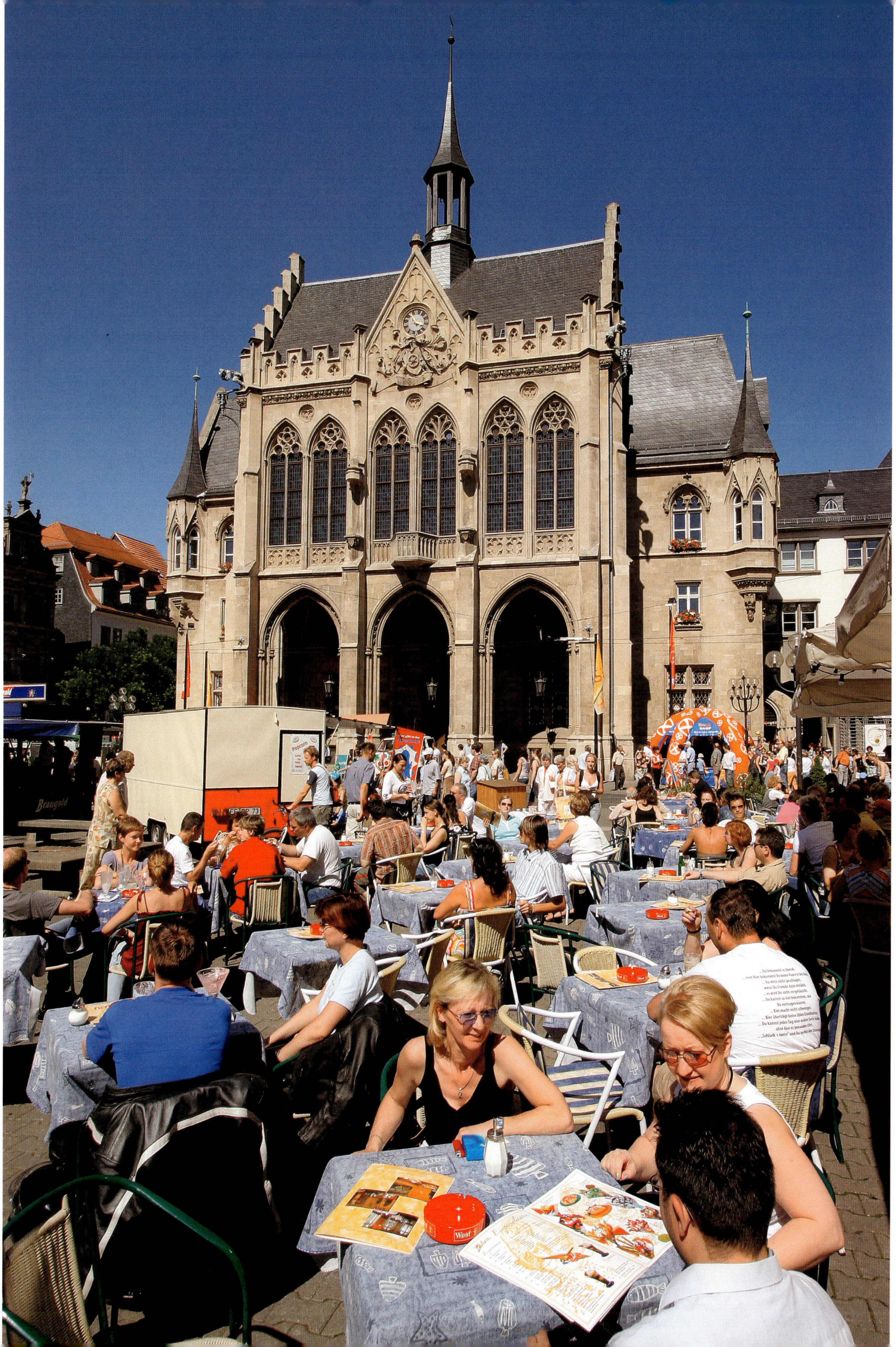

Chronik vom 15. Jahrhundert bis zur Gegenwart. Der gotische Bartholomäusturm und wenige Schritte entfernt die Wigbertikirche sind nur zwei Beispiele für die langen religiösen Traditionen der Stadt seit den Anfängen mit Bonifatius, dem »Apostel der Deutschen«, im 8. Jahrhundert. Unter dem einstigen Wigberti-Kloster vermittelt ein konservierter und öffentlich zugänglicher Luftschutzkeller einen beklemmenden Eindruck vom Alltag der Zivilbevölkerung im Zweiten Weltkrieg mit Fliegeralarm und Bombenangriffen.

Das einzige kaum veränderte Renaissancegebäude am Anger, das Doppelhaus »Zum Großen und Neuen Schiff« und »Goldener Hecht«, gehörte zu Beginn des 19. Jahrhunderts dem mainzischen Kammerpräsidenten Karl Friedrich von Dacheröden. Der Freund des letzten Statthalters aus Mainz, Karl Theodor von Dalberg (1744–1817), machte sein Anwesen zum Treffpunkt der damaligen Elite. Goethe verkehrte hier ebenso regelmäßig wie Wilhelm von Humboldt – der schließlich Dacherödens Tochter heiratete.

Der damaligen Atmosphäre des Ortes fühlt sich heute ein unabhängiges Kulturzentrum verpflichtet. Unübersehbar ist am Anger die Fülle stattlicher Geschäftshäuser des späten 19. und frühen 20. Jahrhunderts. Wuchtige Neorenaissance und üppiger Jugendstil am historischen Ort des Waidhandels stehen für den neuen Aufschwung von Banken und Gewerbe in der Gründerzeit. Ebenso imposant präsentiert sich der Barockbau des einstigen Kurmainzischen Packhofs, in dem seit 1886 das städtische Angermuseum seine Schätze bewahrt. Neben regionaler Kunst des Mittelalters, Thüringer Fayencen und Landschaftsmalerei des 19. und 20. Jahrhunderts sind die Wandgemälde »Lebensstufen« des Expressionisten Erich Heckel von ganz besonderer Bedeutung. Der zwischen 1922 und 1924 entstandene Zyklus blieb wie durch ein Wunder vom zerstörerischen Bildersturm der Nationalsozialisten verschont. Mutige Museumsmitarbeiter stellten damals vor das ausgemalte Gewölbe im Erdgeschoss einen mittelalterlichen Altarengel.

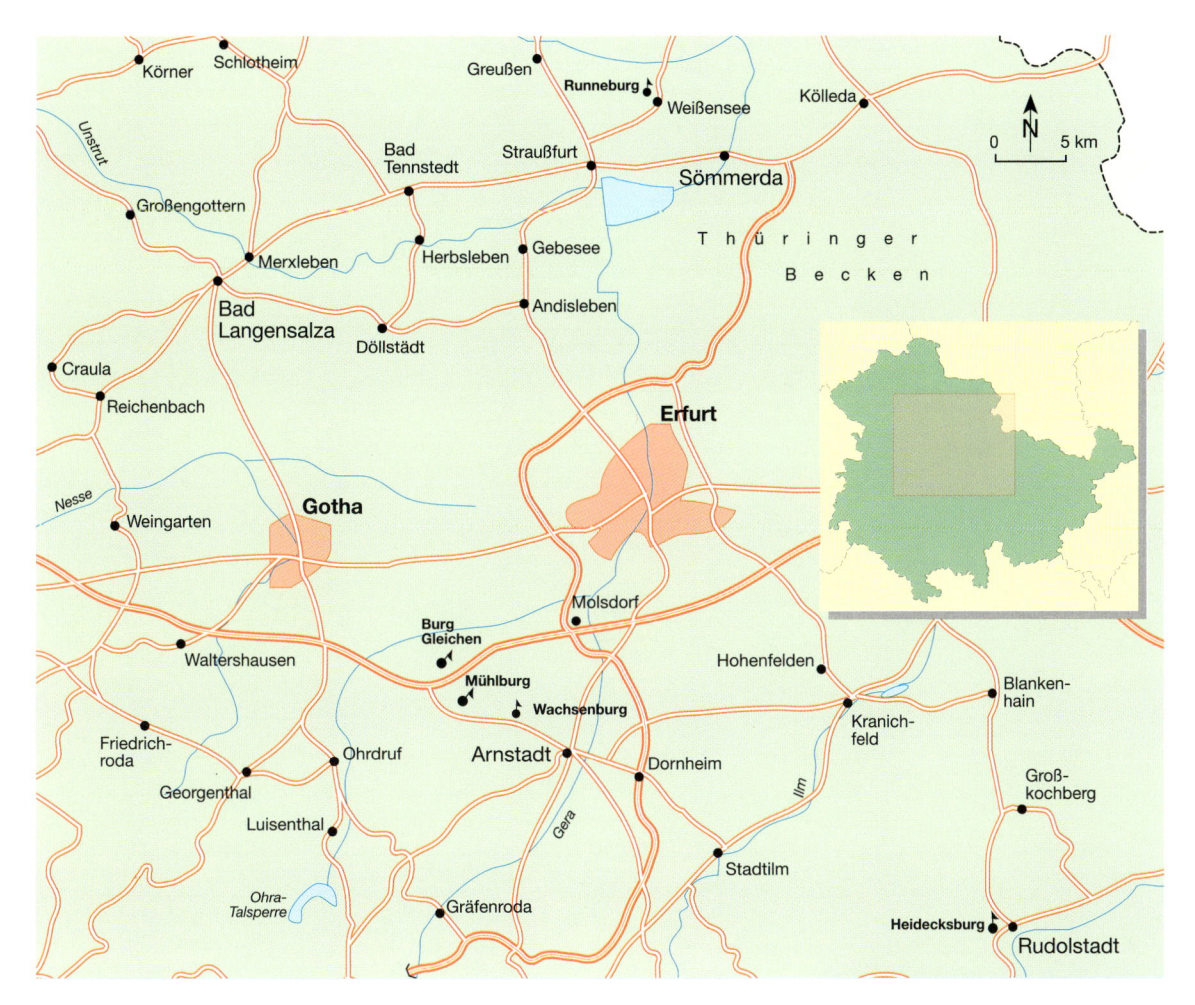

Jährlicher Höhepunkt im Kultursommer der Landeshauptstadt sind die Domstufenfestspiele vor der Silhouette von Dom und Severikirche (linke Seite). – In der Runneburg Weißensee zeigt der Nachbau einer Steinschleuder aus dem 13. Jahrhundert, wie sich die Burgherren gegen Eindringlinge zur Wehr setzten (unten). – Die Bonifatiuskirche in Bad Langensalza (ganz unten).

Am westlichen Ende des Angers kommt in der Regierungsstraße der einstige Amtssitz des Kurmainzischen Statthalters in den Blick. Der Barockbau mit einem prächtigen Festsaal war einst Dalbergs Residenz und ist heute Thüringer Staatskanzlei. Neben dem Portal verweisen eingelassene Längenmaße – »Eine Preußische Ruthe 1816« und »1 Meter« – auf die Wechselfälle in der Geschichte der Stadt.

Zeugen der Vergangenheit

Unübersehbare Zeugen früherer Zeiten prägen auch die Umgebung von Erfurt. Nur wenige Kilometer entfernt an der Autobahn in westlicher Richtung bestimmen die als Drei Gleichen bekannten Burgen das Panorama. Ihre Bezeichnung ist weniger dem aus der Ferne ähnlichen Aussehen geschuldet als vielmehr dem keltischen Wort »glich« für »Felsen«. Hausherren auf der 1034 erstmals erwähnten Burg bei Wandersleben waren seit dem 12. Jahrhundert die Grafen von Tonna, die sich fortan Grafen von Gleichen nannten. Im Erfurter Dom erinnert eine Grabplatte an das Grafengeschlecht, aus dem im 13. Jahrhundert die Schutzvögte von Erfurt hervorgingen.

Auch Literarisches ist von den Gleichen belegt. So soll einer der bereits vermählten Grafen nach den langen Jahren eines Kreuzzuges mit der schönen Sultanstochter Melechasa heimgekehrt sein. Aus Dank dafür, dass sie ihn aus der Gefangenschaft befreit hatte, durfte er sogar mit päpstlichem Segen mit beiden Frauen zusammenleben. Der eheliche Dreierbund soll voller Eintracht gewesen sein, berichtet zumindest die Sage. Weshalb der Ort des ersten Zusammentreffens beider Gemahlinnen unterhalb der Ruine, die als beliebtes Ausflugsziel einzigartige Fernsichten über

Die Krämerbrücke über die Gera in Erfurt. Mit ihren Fachwerkhäusern zu beiden Seiten gilt die Brücke von 1325 als der längste noch vollständig bebaute Flussübergang in Europa (oben und rechts). – Neben kleinen Läden und Boutiquen locken hier auch einige Cafés (rechte Seite).

das Thüringer Land ermöglicht, heute noch Freudental heißt. Von hier aus führt ein erholsamer Rundwanderweg durch weite Wiesen und an Feldern und Fischteichen vorbei zu den beiden anderen Burgen. Am weitesten entfernt ist die Veste Wachsenburg. Die im 10. Jahrhundert begonnene Anlage änderte im Laufe ihrer Geschichte am stärksten ihre Gestalt. Im 15. Jahrhundert war sie Zuflucht des berüchtigten Raubritters Apel von Vitzthum, der von hier aus gegen die Erfurter Kaufleute zog. 1710 wurde die Wachsenburg Landesfestung des Herzogs von Sachsen-Gotha und später Gefängnis. Der weithin sichtbare Aussichtsturm stammt erst von 1905. Mit einem erneuten Umbau erhielt die Burg schließlich zwischen 1965 und 1969 Hotel und Restaurant. Nach einem Rundblick von der Wachsenburg ins Thüringer Becken und zum

Thüringer Wald bietet auch der weitere Weg nach Mühlburg immer wieder reizvolle Ausblicke. Der Gustav-Freytag-Wanderweg über die Schlossleite erinnert zugleich an den Schriftsteller, der in seinem Zyklus »Die Ahnen« (1873–1881) der Mühlburg ein literarisches Denkmal setzte. Die Ruine über der kleinen Gemeinde Mühlberg gilt als die älteste Burg im Freistaat. Erstmals ist sie in einer Urkunde aus dem Jahr 704 als »castello mulenberge« erwähnt. Auf dem Gelände der Vorburg sind Reste einer Kapelle erkennbar, die der heilig gesprochenen Königstochter Radegunde aus dem 6. Jahrhundert gewidmet war. Später, im 13. Jahrhundert, geleitete der Mühlburger Graf Meinhard III. als Brautwerber die ungarische Königstochter Elisabeth an den Hof des Landgrafen in Eisenach.

Preußen mitten in Thüringen

Obwohl stets eng mit dem Umland verwoben, gehört Erfurt politisch erst seit wenigen Jahrzehnten zu Thüringen. Bis dahin war die heutige Landeshauptstadt Mainzer und später preußisches Gebiet. Kurz nach der Gründung 742 durch Bonifatius kam Erfurt an das Erzbistum Mainz. Nachdem sich Rat und Bürgerschaft seit dem 13. Jahrhundert weitgehend von der weltlichen Macht der Erzbischöfe emanzipiert hatten, stellte Fürstbischof Johann Philipp von Schönborn 1664 die alte Situation wieder her. Zum Kurfürstlich-Mainzischen Erfurter Staat gehörten die Stadt sowie nördlich und südlich gelegene Besitzungen. Unter dem letzten Statthalter, Karl von Dalberg, erlebte Erfurt im 18. Jahrhundert einen wirtschaftlichen und kulturellen Aufschwung. 1802 fielen die Gebiete an Preußen. Nachdem die Eingliederung dieser Gebiete in das Land Thüringen 1920 scheiterte, wurden sie 1944 mit der Neuordnung der Provinz Preußen angegliedert.

Alte Kirchen und wunderliches Orgelspiel

Südöstlich der Drei Gleichen ist Arnstadt das Tor zum Thüringer Wald. Viele Ausflugsziele und Erholungsorte sind nur wenige Kilometer entfernt. Die Stadt selbst ist reich an Zeugnissen einer bewegten Vergangenheit. Ebenso wie die nahe Mühlburg im Jahr 704 erstmals erwähnt, ist Arnstadt der älteste Ort im heutigen Freistaat. Die damit verbundene reiche Kulturgeschichte ist in einer Reihe bedeutender Baudenkmäler lebendig. Die um 1200 begonnene Liebfrauenkirche zählt mit den Dombauten in Naumburg und Bamberg zu den markanten Beispielen für die mittelalterliche Baukunst am Übergang von der Romanik zur Gotik. Dagegen manifestiert sich im Ensemble von Renaissance-Rathaus und Bürgerhäusern am Markt nicht nur das handwerkliche Geschick ihrer Erbauer, sondern zugleich das gewachsene Selbstbewusstsein der Arnstädter seit der Verleihung des Stadtrechts im Jahr 1266. Die einstige Residenz derer von Schwarzburg-Sondershausen war nach 1716 für das Fürstenhaus vor allem als Witwensitz interessant. Das eigens dafür gebaute und 1735 eingeweihte Neue Palais beherbergt heute neben Fayencen sowie kostbaren Porzellanen aus Asien und aus Meißen auch die einzigartige Miniaturwelt »Mon Plaisir«. In seltener Vielfalt vermitteln die rund 400 Puppen in 82 Stuben aufschlussreiche Details aus den unterschiedlichen Lebenswelten in der ersten Hälfte des 18. Jahrhunderts.

Zu dieser Zeit war in Arnstadt ein junger Musiker tätig, der bald weithin für Aufsehen sorgen sollte – Johann Sebastian Bach. Dem damals 18-jährigen Organisten setzte die Stadt 1985, im Jahr seines 300. Geburtstages, mit einer Bronzeplastik auf dem Markt ein eigenwilliges Denkmal. Bach sitzt lässig auf einer Orgelbank, sein Blick schweift weit über die Stadt hinaus in die Ferne. Vielleicht nach Lübeck zu Dietrich Buxtehude, dem verehrten Altmeister der norddeutschen Orgelschule? In Arnstadt heißt Bachs Wirkungsstätte, die damalige Neue Kirche, seit 1935 Bachkirche. Der musikalische Jüngling brachte hier nicht nur »viele wunderliche variationes« und »viele frembde Thone« in sein Orgelspiel. Es gab »Verdrießlichkeiten« um einen Musiker namens Geyersbach, den er wenig schmeichelhaft einen »Zippelfagottisten« genannt hatte. Ärger gab es auch mit den kirchlichen Dienstherrn, weil er die im Oktober 1705 für vier Wochen genehmigte Reise nach Lübeck zu Buxtehude eigenmächtig auf mehr als ein Vierteljahr ausdehnte. Und schließlich wurde Bach vom Konsistorium vorgeworfen, er habe »ohnlängsten die frembde Jungfer auf das Chor biethen und musicieren laßen«. Das Geheimnis um die junge Sängerin nahm er mit ins Grab. Im Juni 1707 verließ er seine erste Wirkungsstätte und wurde in Mühlhausen Organist an der Divi-Blasii-Kirche. Gut drei Monate später kehrte er jedoch für einen besonderen Anlass kurzzeitig zurück: Am 17. Oktober führte er hier seine Base Maria Barbara Bach

Fortsetzung Seite 49

Die Erfurter Krämerbrücke aus der Vogelperspektive (oben). Viele Details aus dem Stadtbild verweisen anschaulich auf die lange Geschichte der Landeshauptstadt. Rechte Seite im Uhrzeigersinn: Haus »Zum Roten Ochsen« mit Roland-Statue in Gestalt eines römischen Kriegers, Haus »Zum Stockfisch«, Haus »Zum breiten Herd« mit Fassade und Giebel, Zitadelle Petersberg, das Hauszeichen am »Roten Ochsen«, Angermuseum.

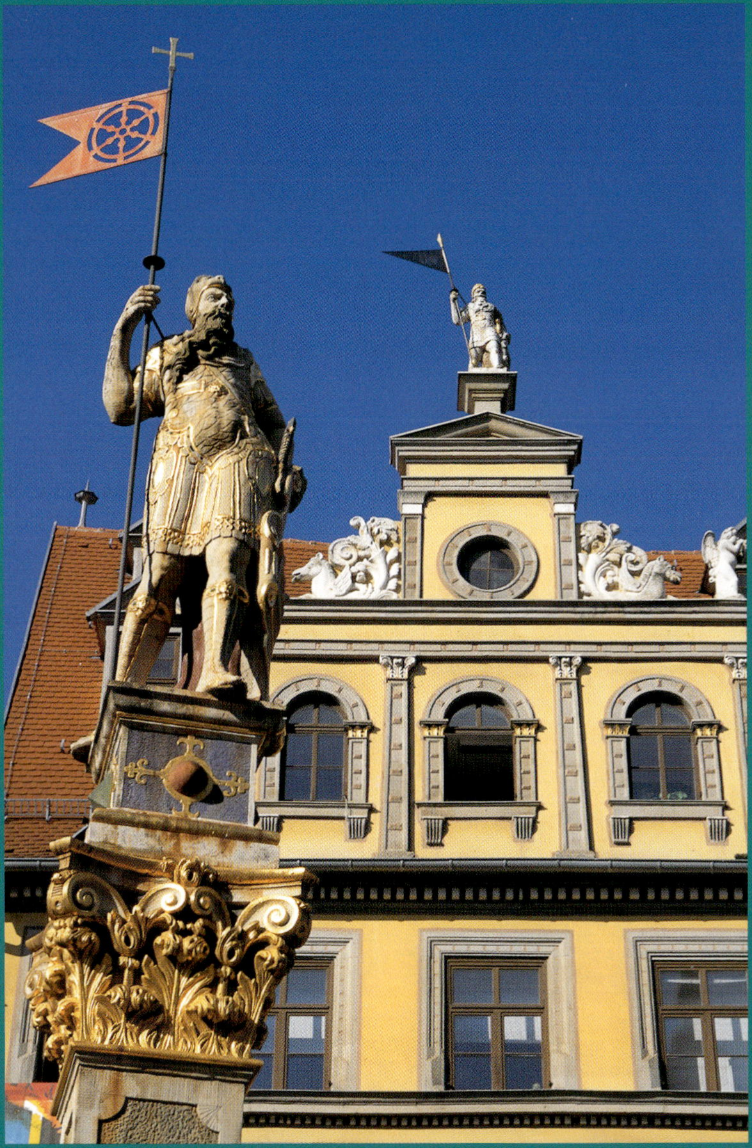
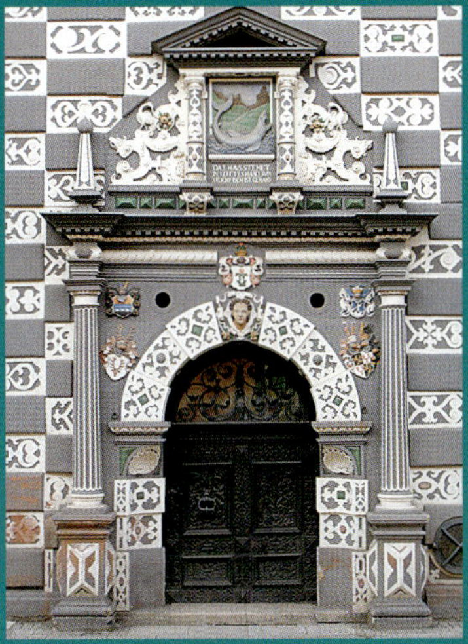
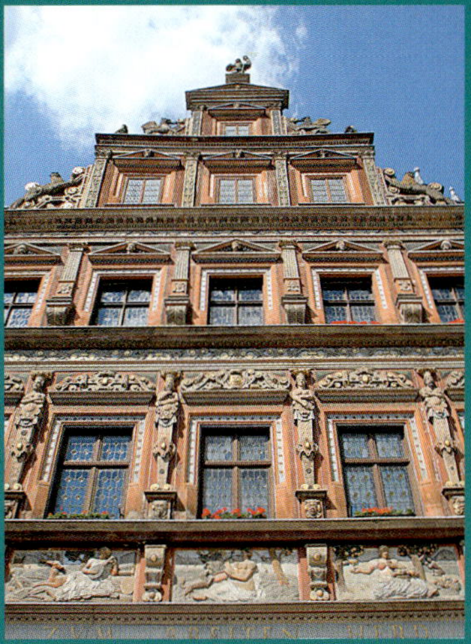
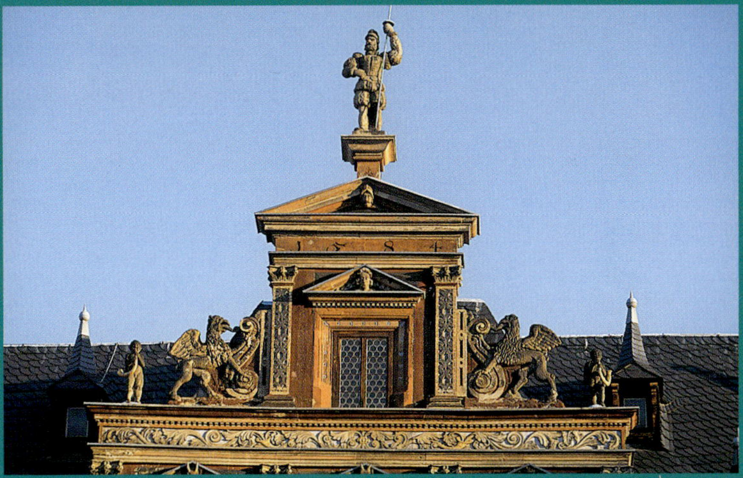
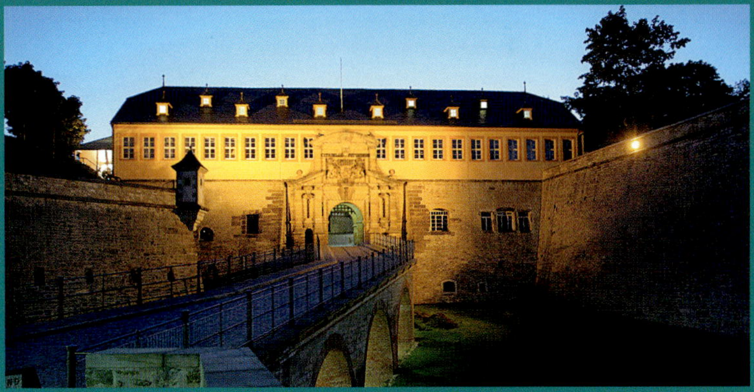
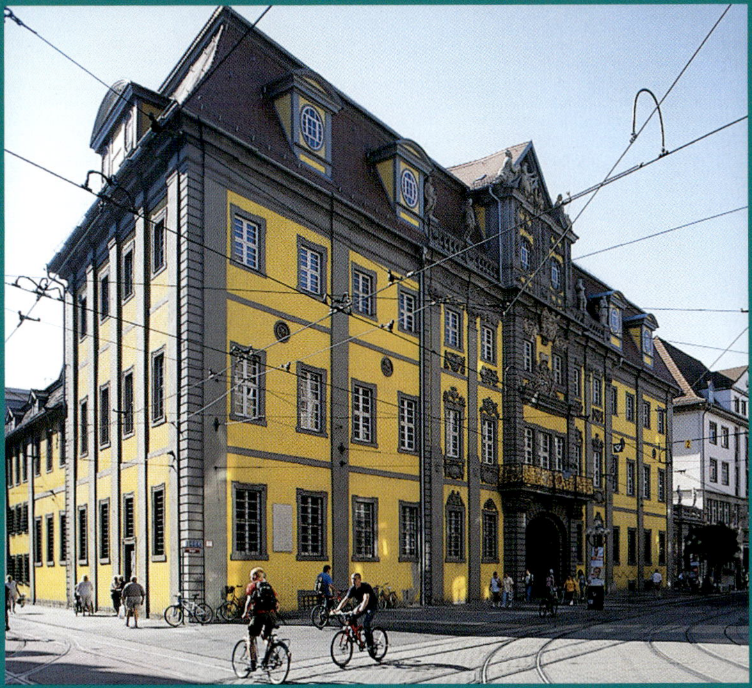
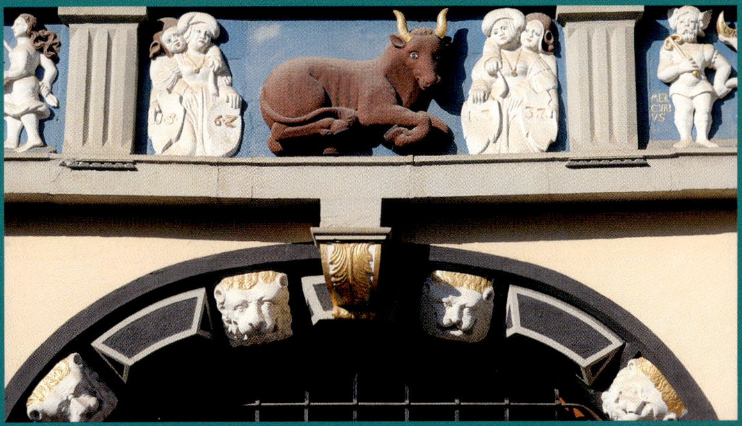

Moderne und Mittelalter

Erfurt – die kirchenreichste Stadt Ostdeutschlands

Die Laternen werfen ein fahles Licht. Über das Kopfsteinpflaster in den Gassen hallen vereinzelte Schritte. An den Fassaden der alten Häuser huschen Schatten von Menschen vorbei, die um die nächste Ecke im Dunkel der Nacht verschwinden. Das 742 gegründete Erfurt ist reich an Vierteln, deren verwinkelte Wege an die Stadt des Mittelalters erinnern – trotz der Bombenschäden im Zweiten Weltkrieg und späterer Bausünden. Noch in der DDR verhinderten die Bürger mit ihrem Protest einen Flächenabriss in der Altstadt. Inzwischen ist hier mit der Sanierung des alten Bestandes und behutsamen Neubauten eine bunte Szenerie für modernes Großstadtleben entstanden. Heute laden im historischen Michaelis- und im Andreasviertel ebenso wie im Fischersand zahlreiche Cafés und Kneipen ein, aber auch Galerien und Boutiquen. Überragt wird die Stadt vom Mariendom und der benachbarten Severikirche. Die Anfänge der heutigen Silhouette dieser Kirchen reichen zurück bis ins 13. Jahrhundert. Doch bebaut wurde der Domberg schon in den Jahrhunderten zuvor. Erst 2005 wurden hier Reste eines großen romanischen Baus freigelegt. Einen Überblick über das einstige »deutsche Rom« mit 25 Pfarrkirchen, 15 Klöstern und Stiften sowie zehn Kapellen bietet sich vom Petersberg nebenan. Mit etwa 50 Kirchen, davon 18 aus dem Mittelalter, ist das »turmgekrönte Erfurt« die kirchenreichste ostdeutsche Stadt. Das Augustinerkloster, dessen berühmtester Mönch von 1505 bis 1511 Martin Luther war, gehört ebenso dazu wie die Predigerkirche, die Allerheiligenkirche oder die Kaufmannskirche. Die Barfüßerkirche ist seit dem Jahr 1944 Ruine. Im sanierten Altarraum zeigt das Angermuseum sakrale Kunstschätze.

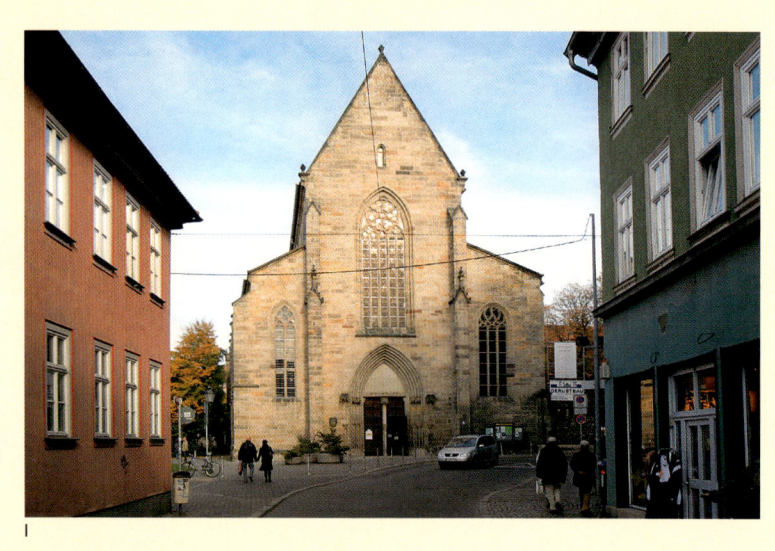

An die Universität von 1392 erinnern das wiederaufgebaute »Collegium maius« gegenüber der Michaeliskirche und das »Haus zur Engelsburg«. Hier traf sich der Erfurter Humanistenkreis ab 1515 regelmäßig zu seinen »Königlichen Sitzungen«. Die nach Köln zweite städtische Universität in

1 Die Predigerkirche aus dem 13. Jahrhundert gehörte einst zu einem Dominikanerkloster. Heute nutzt man die gotische Pfeilerbasilika in der Nähe des historischen Fischmarkts auch als Veranstaltungsort für Konzerte. – 2 Die 13 schlanken, farbenprächtigen Glasfenster im Chor des Mariendoms gehören mit ihren beeindruckenden 18 Metern Höhe zu den größten Schätzen mittelalterlicher Glaskunst in Deutschland.

3

3 Der berühmteste Mönch im Augustinerkloster war der spätere Reformator Martin Luther. Er lebte hier von 1505 bis 1511. – 4 Der Kreuzgang ist ein Ort der Stille. – 5 Relief des Kirchenvaters Augustinus aus der Bibliothek, die mit über 60 000 Bänden eine der bedeutendsten kirchlichen Büchersammlungen Deutschlands ist. – 6 Grabdenkmal.

Deutschland gehörte einst zu den wichtigsten geistigen Zentren weit über Thüringen hinaus. »So weit und breit sich Germanien erstreckt, überall leuchtet der Ruhm dieser Schule«, urteilte der Erfurter Humanist und spätere Universitätsprofessor Eobanus Hessus (1488–1540). Namhafte Studenten und Lehrer waren neben Martin Luther (1483–1546) etwa Johannes Gutenberg (um 1400–1468), Adam Ries (1492–1559) und Christoph Martin Wieland (1733–1813). Als Hochschulstadt war Erfurt eine der ersten Städte in Deutschland, die die Kunst des Drucks schon im 15. Jahrhundert nutzte. Wirtschaftlich dominierten Gartenbau und Landwirtschaft mit dem Anbau von Wein und Waid sowie ein reger Handel zwischen Ost und West.

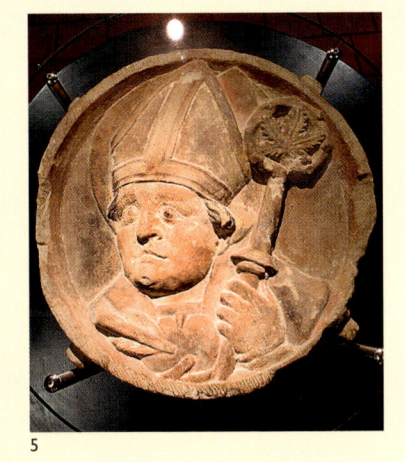

Pulsierendes Herzstück der Moderne ist der Fischmarkt, dessen neugotisches Rathaus mit dem benachbarten »Haus zum breiten Herd« und dem »Haus zum Roten Ochsen« gegenüber korrespondiert. Von hier aus führen die Wege durch die Stadt immer wieder zu steinernen Zeugen der Vergangenheit. Die mit Ornamenten und Figuren reich geschmückten Bauten tragen Namen wie »Haus zum Stockfisch« und »Haus zum Schwarzen Horn«, »Haus zur Steinecke«, »Haus zum Krönbacken« oder »Haus zum Güldenen Rad«. Mitunter illustrieren Hauszeichen an der Fassade oder über dem Portal kunstvoll die alte Bezeichnung.

Wenige Schritte entfernt vom einstigen Schnittpunkt der »Via regia« mit den Handelswegen von Nord nach Süd führt die Krämerbrücke über die Gera. Mit ihren Fachwerkhäusern zu beiden Seiten gilt die Brücke von 1325 als der längste noch vollständig bebaute Flussübergang in Europa.

Barockes Kleinod im Grünen – Schloss Molsdorf bei Erfurt.

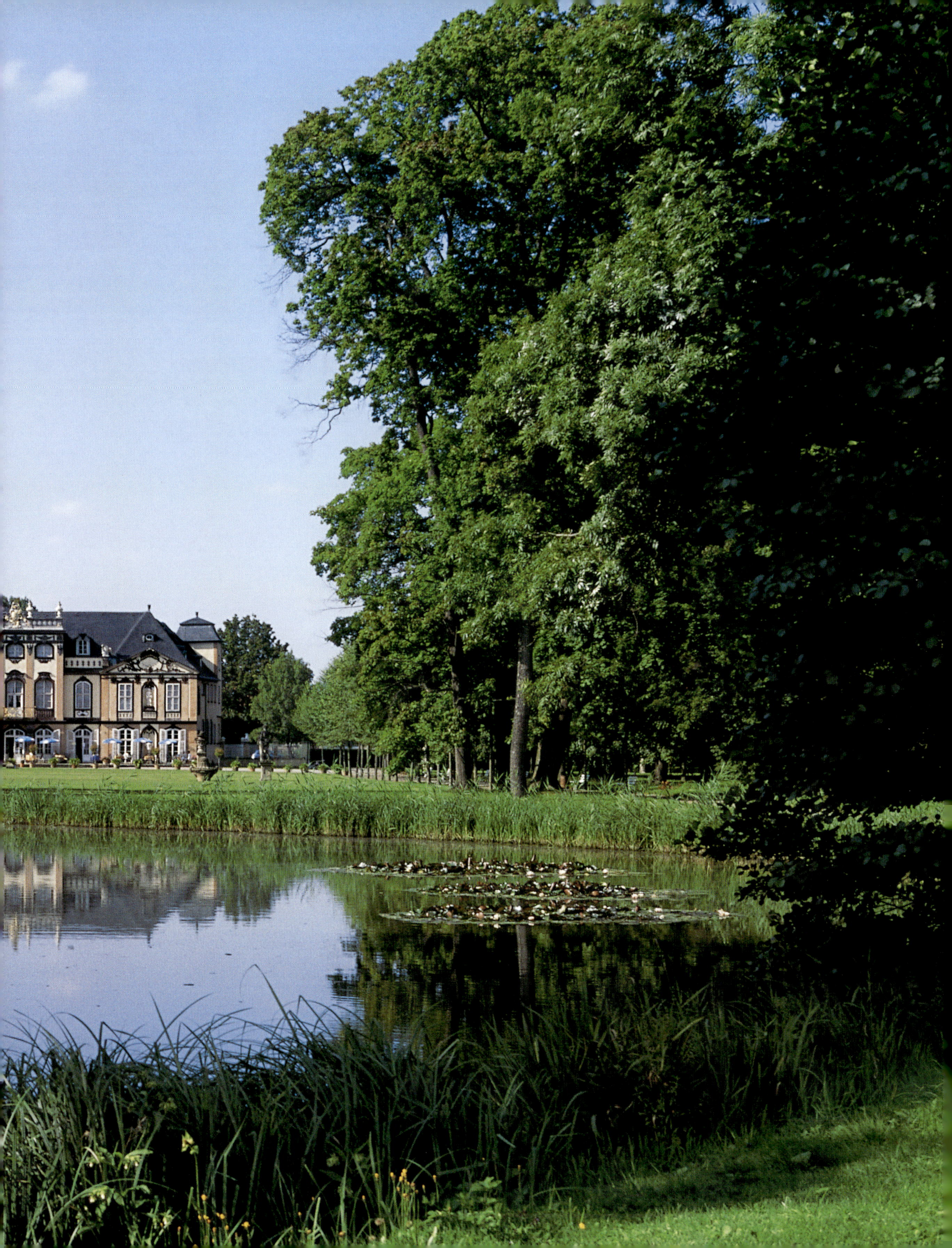

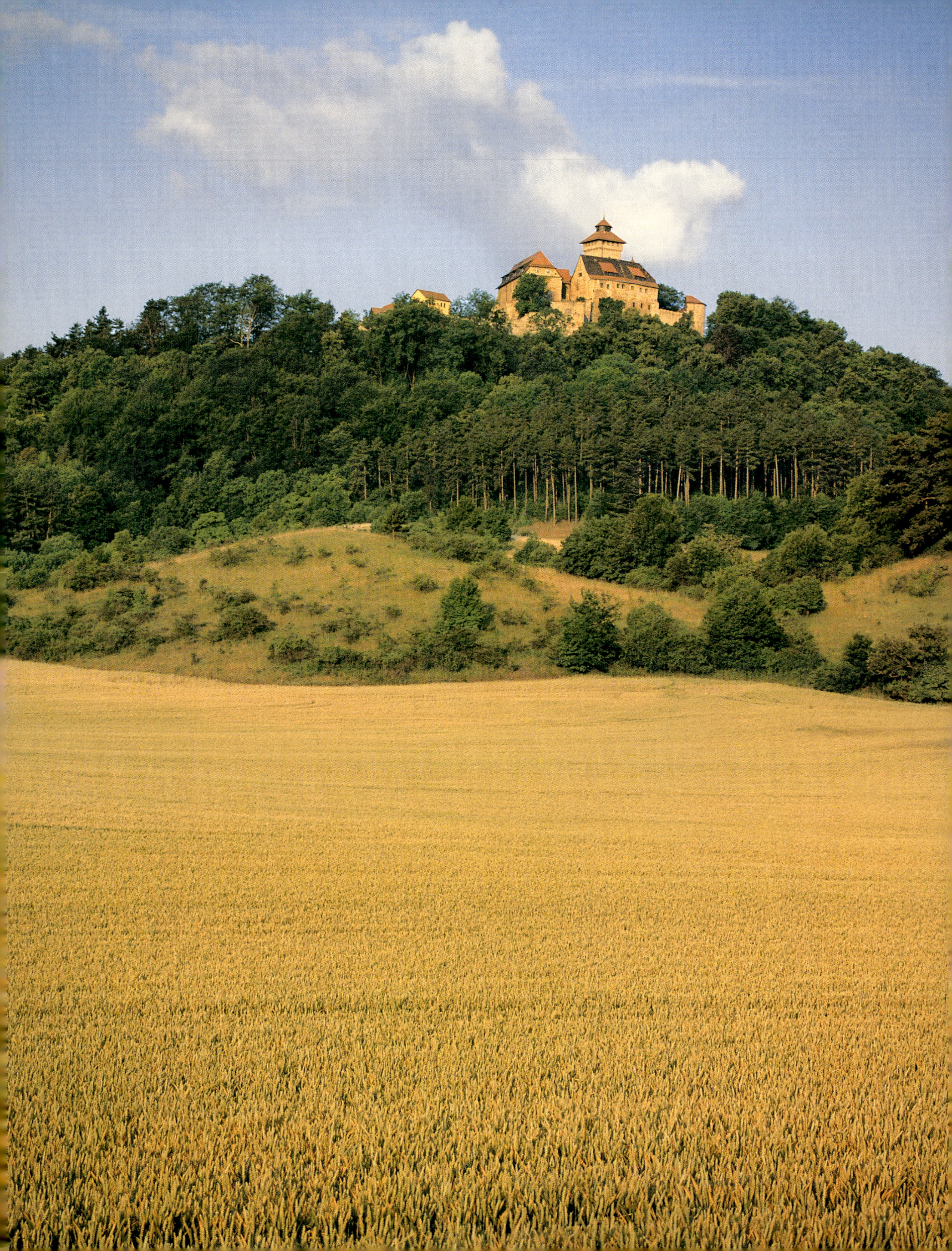

Die Veste Wachsenburg gehört zum Ausflugsgebiet der »Drei Gleichen« bei Arnstadt (linke Seite) und wird gelegentlich auch zum Motiv für Hobbykünstler (ganz unten). Die Bachkirche (links) war ab 1703 die erste Wirkungsstätte von Johann Sebastian Bach, an den ein Denkmal auf dem Arnstädter Markt erinnert (unten).

zum Traualtar. Dazu zog die Festgesellschaft hinaus ins Nachbardorf Dornheim. Die Traukirche aus dem 12. Jahrhundert ist dank eines umtriebigen Freundeskreises in den vergangenen Jahren zu einer Pilgerstätte für Bach-Freunde aus aller Welt geworden.

Das Lustschloss des galanten Grafen

Abseits der großen Touristenströme trifft der Besucher südlich von Erfurt in Molsdorf unvermittelt auf ein barockes Kleinod. Doch anders als die meisten fürstlichen Bauten im Freistaat hat das Schloss mit den verschlungenen Linien einstiger Thüringer Adelshäuser nur wenig zu tun. Es erzählt vielmehr von dem preußischen Diplomaten und Lebenskünstler Graf Gustav Adolph von Gotter, der als eine der auffälligsten Persönlichkeiten des 18. Jahrhunderts gilt. Gotter stammte aus einer weit verzweigten Beamtenfamilie in Gotha. Schon frühzeitig lernte er in Wien das diplomatische Geschäft kennen. Als Gesandter des Gothaer Herzogs und anerkanntes Mitglied der Wiener Gesellschaft führte der Freund der Künste und der Frauen an der Donau ein offenes Haus. Gerühmt wurden seine Diskretion und sein Verhandlungsgeschick, sodass er schließlich unter dem preußischen »Soldatenkönig« Friedrich Wilhelm I. Geheimer Staatsrat wurde. Später verhandelte Gotter im Auftrag von Friedrich dem Großen erfolgreich mit Kaiserin Maria Theresia und ihren Beratern über preußische Ansprüche auf schlesische Fürstentümer.

Molsdorf wurde für den zum Reichsgrafen aufgestiegenen Bürgersohn ein Rückzugsort nach anstrengenden Staatsdiensten. Ab 1734 ließ Gotter das Anwesen zu einem der schönsten Barockschlösser Thüringens umbauen. Der Weimarer Hofbaumeister Gottfried Heinrich Krohne hinterließ dabei ebenso seine Handschrift wie der preußische Hofmaler Antoine Pesne und der Stuckateur Johann Baptist Pedrozzi.

Das lang vergessene Schloss präsentiert sich seit den Restaurierungen nach 1960 wieder in seiner barocken Pracht. An der Gartenfassade gemahnen Sinnsprüche über den beiden Sonnenuhren an die Vergänglichkeit des irdischen Lebens. Zu den Schätzen im Schlossmuseum gehört der Nachlass des 1993 gestorbenen Thüringer Malers und Grafikers Otto Knöpfer. Und mit einer umfangreichen Sammlung von Erotika erweist das Museum dem galanten Grafen von einst die Ehre.

Der Name ist Programm

Anders als das etwas versteckte Lustschloss des galanten Grafen ist über der Altstadt von Gotha das imposante Schloss Friedenstein nicht zu übersehen. Die Residenz ist untrennbar verbunden mit dem bedeutendsten Thüringer Fürsten des 17. Jahrhunderts. Herzog Ernst I., der als der Fromme in die Annalen einging, reformierte das Staatswesen ebenso wie die Schulen, die Kirche und die Justiz. Seine zwischen 1643 und 1654 errichtete Residenz war der erste Schlossneubau nach dem Dreißigjährigen Krieg. Der Name Friedenstein war dabei nach den traumatischen Erfahrungen des Krieges durchaus Programm: Die thüringischen Kleinstaaten in der Mitte Deutschlands hatten unter den Kämpfen am meisten gelitten. Ganze Landstriche waren verwüstet, die Viehbestände der Bauern zum großen Teil vernichtet.

Der Umriss der größten deutschen Schlossanlage des frühen Barock misst stolze 110 mal 140 Meter. Zudem war sie anfangs von mächtigen Festungsmauern umgeben, die jedoch nie gebraucht und deshalb ab 1772 abgerissen wurden. Seit 1800 ist von den einstigen Wällen und Gräben nichts mehr zu sehen. Lediglich ein unterirdisches System von kilometerlangen Wehrgängen erinnert noch an den einstigen Festungscharakter. Aus der »Kunst Cammer« des 17. Jahrhunderts ist das heutige Schlossmuseum hervorgegangen. Seine Sammlungen reichen von der Antike bis in die Gegenwart. Allein zum Kupferstichkabinett gehören 40 000 Blatt, darunter 1200 Handzeichnungen des 16. bis 19. Jahrhunderts. Wertvollstes Stück der Gemäldesammlung ist

Am Hauptmarkt in Gotha: Vom Rathaus (unten) mit seiner prächtigen Renaissancefassade (oben) reicht der Blick über die Altstadt und die Wasserkunst bis zum Schloss Friedenstein (Mitte). Altstadtfest mit Ritterspektakel zu Füßen der Marktkirche St. Bonifatius in Bad Langensalza (linke Seite).

das berühmte »Gothaer Liebespaar« von einem anonymen »Meister des Hausbuchs« um 1490. Im Westturm des Schlosses ist Theatergeschichte lebendig. Die Spielstätte ist mit ihrer mehr als 300-jährigen Bühnentechnik ohne Beispiel. Ein ausgeklügeltes System von Schienen, Seilen, Flugwerken und Umlenkrollen ermöglicht den raschen Wechsel der Kulissen – und damit auf der Bühne schnelle Verwandlungen. Diese Maschinen, um 1640 in Italien entstanden, waren für das damalige Publikum eine Sensation. Plötzlich schienen auf dem Theater alle Effekte möglich. Erstmals hob sich hier am 24. April 1683 der Vorhang. Zu den Darstellern, die es 1774 nach dem Schlossbrand von Weimar auf den Friedenstein verschlagen hatte, gehörte auch der »Vater der deutschen Schauspielkunst«, Konrad Ekhof. Das einstige Hoftheater, das in seiner fünfjährigen Blütezeit über 870 Vorstellungen mit 175 Stücken erlebte, trägt bis heute seinen Namen.

An Sommerabenden lädt Schloss Friedenstein zu Open-Air-Konzerten ein (rechts). – Der Innenhof des Schlosses (ganz oben). – Die Orangerie im Gothaer Schlosspark (oben).

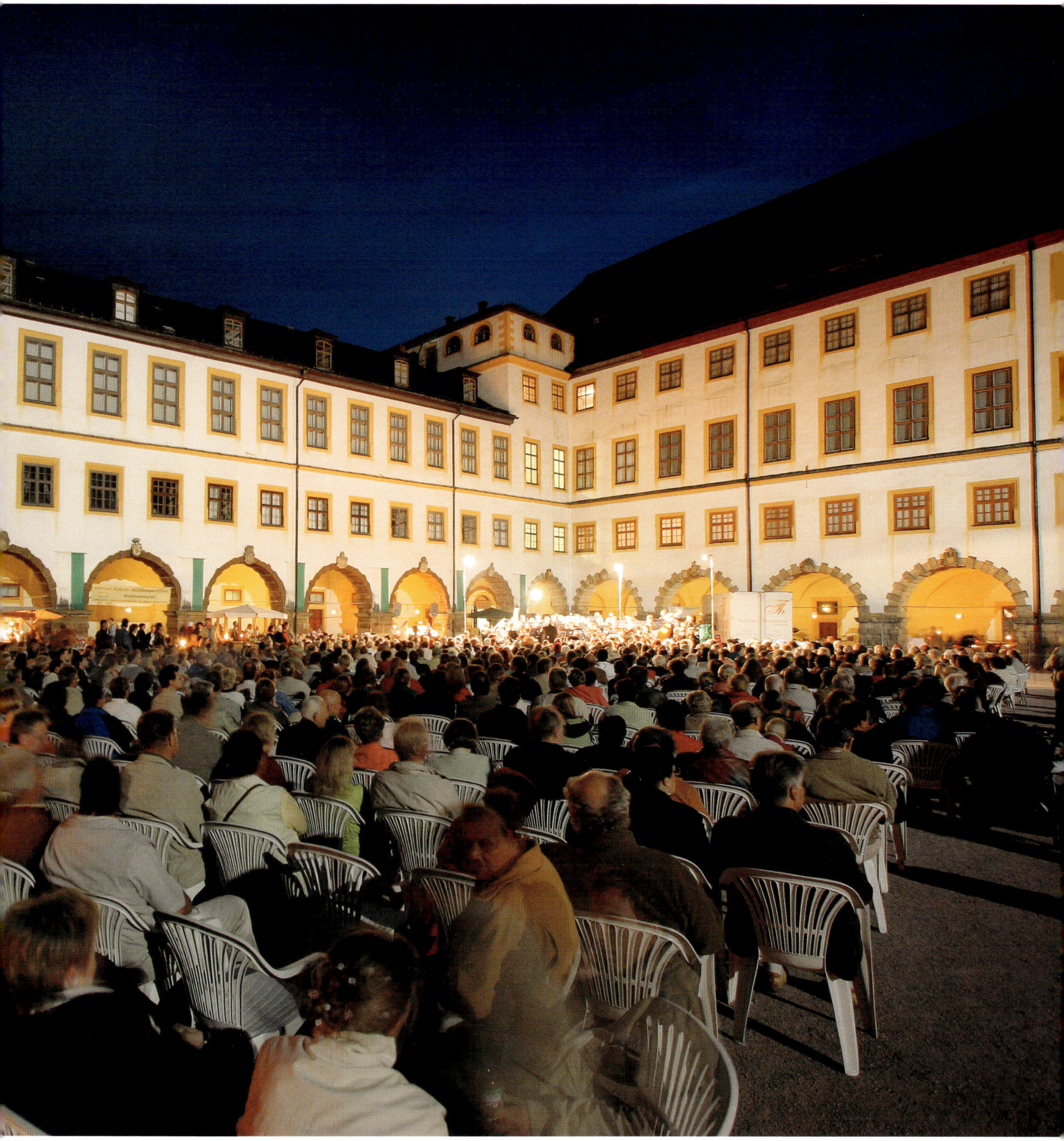

Ein weites Feld – Blick von der Wachsenburg zur Burg Gleichen bei Wandersleben.

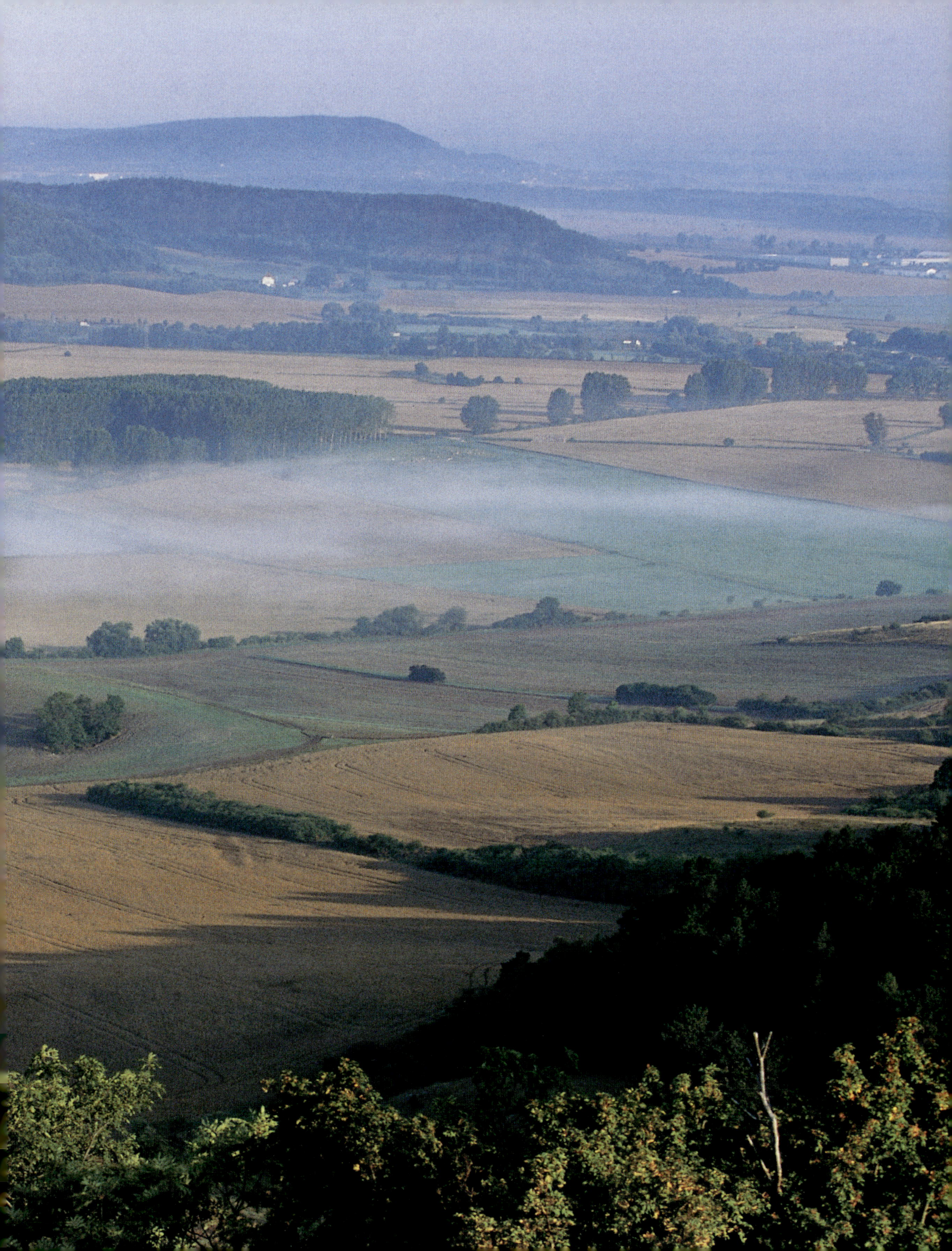

Hightech seit 160 Jahren

Am Anfang steht Carl Zeiss in Jena

1 Mit Laserprojektionen entstehen im Jenaer Zeiss-Planetarium faszinierende Welten. – 2 Wo einst das DDR-Kombinat »VEB Carl Zeiss Jena« produzierte, entstand ein moderner Campus der Universität. 3 Skulpturen am historischen Zeiss-Hochhaus in der Universitätsstadt. – 4 Zukunftsträchtige High-Tech-Industrie: Bei ErSol Solar Energy in Erfurt werden modernste Solarzellen gefertigt.

Das Hightech-Zeitalter hat in Thüringen schon vor 160 Jahren begonnen. 1846 leitete Carl Zeiss mit seiner Werkstatt in Jena eine neue Epoche bei der Fertigung von optischen Präzisionsgeräten ein. Zwanzig Jahre später verließ bereits das tausendste Mikroskop das junge Unternehmen. In dem Mathematiker Ernst Abbe und dem Chemiker Otto Schott fand der aus Weimar stammende Mechaniker für grundlegende Innovationen geniale Verbündete. Firma und Stiftung »Carl Zeiss« prägten seither maßgeblich Wirtschaft und Kultur in der Universitätsstadt.

Am Beginn des 21. Jahrhunderts ist Jena wichtigster Thüringer Standort für innovative Technologien und Forschung. Dafür steht neben der Traditionsfirma Zeiss auch das neue Unternehmen Jenoptik. Beide sind 1991 aus dem DDR-Kombinat »VEB Carl Zeiss Jena« hervorgegangen. Auf Geschäftsfeldern wie Planetarien, Mikroskope, Medizintechnik und Instrumente für die Augenheilkunde sowie bei Hightech-Produktionsanlagen und Lasertechnologien setzen sie international Maßstäbe. Darüber hinaus wurde Jena in den vergangenen Jahren zu einem Zentrum der Biotech-Branche in Thüringen. Neben Forschungen unter anderem zum Altern und zum Genom werden mit dem Jenaer Konzept der »Bio-Instrumente« neue Wege bei der Verknüpfung von Medizin, Biotechnologie, Optik und Gerätebau erprobt. Mit dem Beutenberg-Campus am Rand der Universitätsstadt sind viele Forschungsinstitute und ein Technologie- und Innovationspark an einem Standort vereint. Die Max-Planck-Gesellschaft und die Fraunhofer-Gesellschaft sind hier ebenso vertreten wie die Friedrich-Schiller-Universität. Einbezogen ist ferner das bereits 1953 auf dem Beutenberg eröffnete Institut für Mikrobiologie und experimentelle Therapie. Die Einrichtung war früher das größte biowissenschaftliche Forschungszentrum der DDR und wird heute als Hans-Knöll-Institut für Naturstoff-Forschung und Infektionsbiologie weitergeführt.

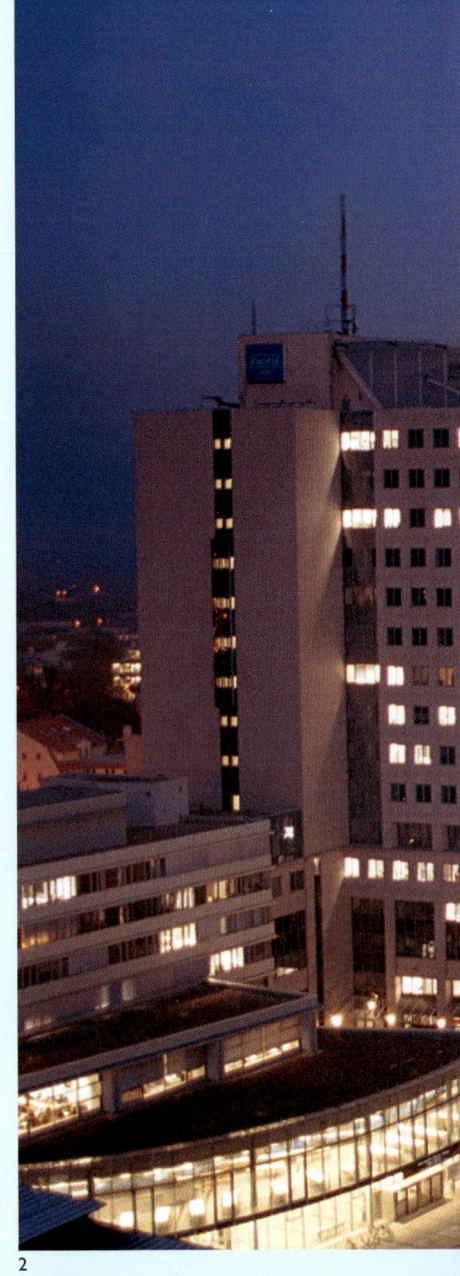

Dem wissenschaftlichen Nachwuchs stehen in Thüringen insgesamt fünf Universitäten, vier Fachhochschulen und elf Institute außerhalb von Hochschulen offen. In Ilmenau wurde das private »Thüringische Technikum« von 1894 zur Technischen Universität auf anerkannt hohem Niveau. Die drei Säulen der Ausbildung – Technik, Wirtschaft und moderne Medien – wurden erst in jüngster Zeit um Studiengänge wie Optronik, Fahrzeugtechnik und biomedizinische Technik erweitert. Die Forschung konzentriert sich besonders auf Mess- und Regelsysteme im Mikro- und Nanobereich, auf Antriebs- und Energietechnik sowie auch auf digitale Medientechnologien und Mobilkommunikation.

Als moderne Hochschule des Bauens und Gestaltens präsentiert sich die Bauhaus-Universität Weimar. Die über 20 Studiengänge an den Fakultäten Architektur, Bauingenieurwesen, Gestaltung und Medien reichen von der Freien Kunst über Design, Web-Design, Visuelle Kommunikation, Mediengestaltung und Kultur bis zu Baustoffkunde, Verfahrenstechnik, Umwelt und Management. Neben den Bauingenieuren entwickeln vor allem die Architekten sowie – als jüngste Fakultät – die Mediengestalter rege Aktivitäten in der Forschung. Dazu gehören Stadtsoziologie und europäische Urbanistik, aber auch Kulturtechniken oder Medienmanagement. Die Anlehnung an das historische Bauhaus von 1919 verstehen Studenten und Professoren als Aufforderung zu Experimentierfreudigkeit, Offenheit, Kreativität und Internationalität.

Unterwegs im »klassischen« Thüringen

Von Dichterfürsten und freier Liebe

Der »Lesende Knabe« aus Weimar (oben). – Mit der deutschen Klassik verbunden: das Weimarer Stadtschloss (rechte Seite).

Blühendes Rapsfeld bei Kahla (Mitte). – Zum »klassischen« Thüringen gehört auch das traditionelle Handwerk wie die Töpferei in Bürgel (oben).

Die meterhohen Flammen ließen das Schlimmste befürchten. Das Großfeuer in der Weimarer Herzogin Anna Amalia Bibliothek am 2. September 2004 fraß sich in Windeseile durch die Bücherregale im voll gestellten Dachgeschoss und die obere Galerie des Rokokosaals. Die mit Löschwasser durchtränkte Decke drohte einzustürzen und die »Wiege der deutschen Klassik« unter sich zu begraben. Während oben das Feuer tobte, retteten unten Hunderte freiwillige Helfer, was irgendwie zu retten war. Kurz nach Mitternacht wurde dann die Hoffnung langsam zur Gewissheit: Die größte Gefahr war abgewendet. Doch das ganze Ausmaß des Unglücks zeigte sich erst am Morgen danach – 50 000 verbrannte und 62 000 zum Teil stark beschädigte Bücher, 35 vernichtete Kunstwerke und ein weithin zerstörtes Gebäude. Die Katastrophe ereignete sich, als die lange geplante Restaurierung des UNESCO-Weltkulturerbes unmittelbar bevorstand. Hätten die öffentlichen Geldgeber ihre Zögerlichkeiten bei der Finanzierung schneller überwunden, wäre die Brandnacht möglicherweise zu vermeiden gewesen – sagen Kritiker.

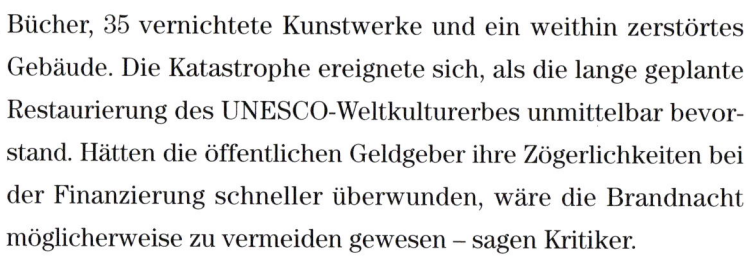

Die Flammen trafen die Bibliothek und ihren berühmten Rokokosaal ins Mark. Doch die Fernsehbilder jener Nacht lösten weltweit eine Welle der Spendenbereitschaft aus. Und noch ganz unter dem Eindruck des Schocks gab es auch Hoffnung: Im Februar 2005 wurden nach knapp vierjähriger Bauzeit die modernen Erweiterungsbauten der Bibliothek fertig. Seither verbindet ein unterirdisches Magazin das historische Stammhaus mit einem neuen Studienzentrum. Die Bestände sind nach Expertenmei-

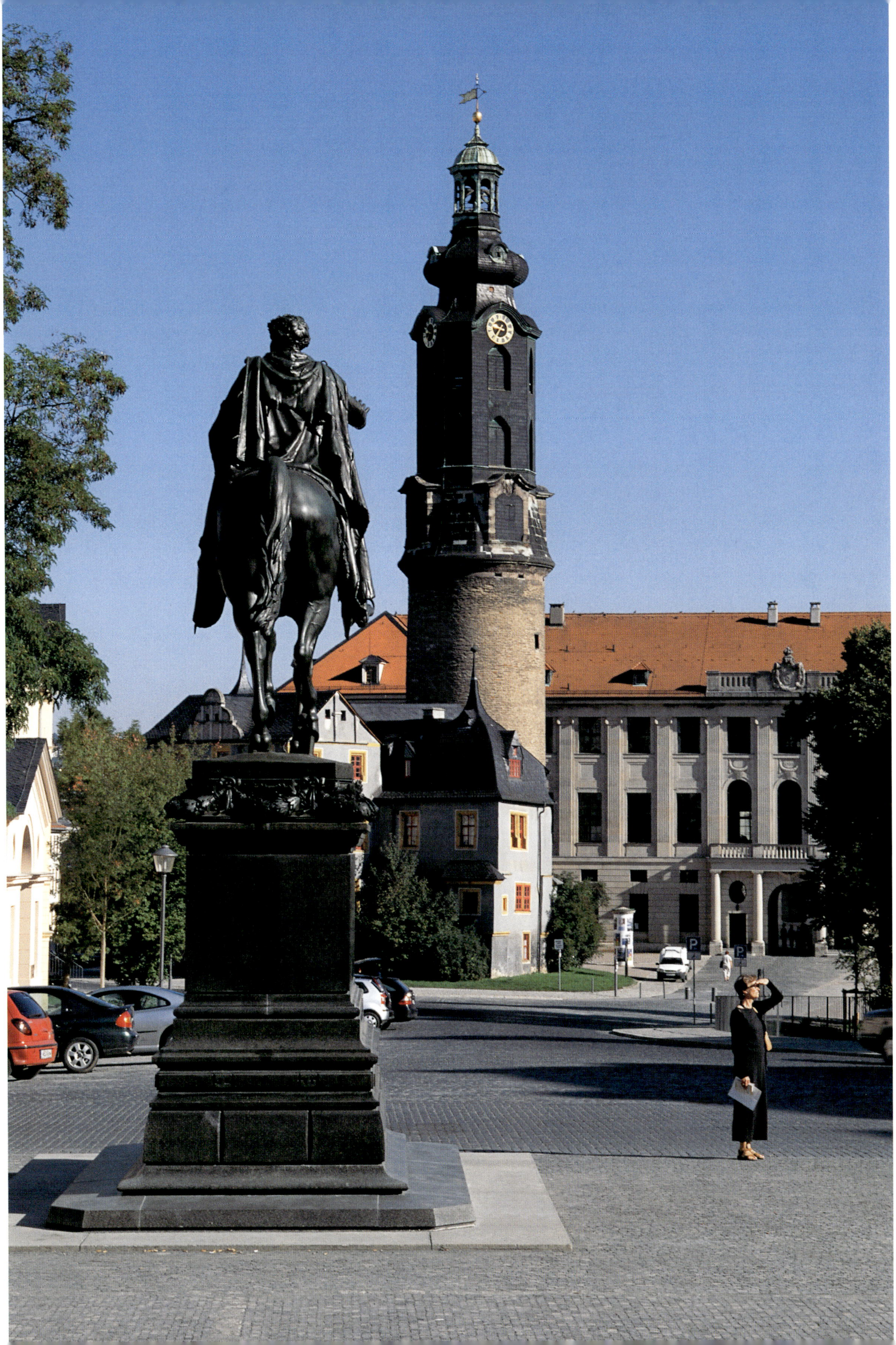

Thüringen hat zu jeder Jahreszeit seine Reize – im Frühling (rechts) ebenso wie im Sommer, wenn lauschige Ausflugslokale mit einem guten Schoppen locken (unten).

Kurfürst Johann Friedrich als Denkmal auf dem Jenaer Markt (rechts).

nung nunmehr so sicher wie noch nie in ihrer Geschichte. Zu den einzigartigen Kostbarkeiten der rund eine Million Titel aus 1100 Jahren gehören über 2000 mittelalterliche Handschriften, eine Bibel- und eine Musikaliensammlung sowie rund 10 000 Kartenwerke und Globen. Für alle diese Schätze soll das sanierte Hauptgebäude 2007 als ein modernes Zentrum für das alte Buch wiedereröffnet werden.

Die Weimarer Büchersammlung spiegelt den Aufstieg der Residenz zum Ausgangspunkt der klassischen deutschen Literatur. Im Grünen Schloss von 1565 hatte die herzogliche Bibliothek mit den Umbauten unter Herzogin Anna Amalia (1739–1807) eine einzigartige und repräsentative Aufstellung gefunden. »Die Bibliothek ist bis jetzt der interessanteste Punkt für mich in Weimar«, schrieb 1882 der Schriftsteller Ferdinand Freiligrath: »Zwischen Büsten und Bildern all der famosen Kerle aus Weimars Glanzepoche wird's einem ganz wohl zumute. Man meint, sie wären selbst noch da, man sieht Schiller sinnend am Fenster lehnen, Herder und Wieland schreiten Arm in Arm zwischen den Repositorien, und die Treppe herauf schallt fest und gebieterisch der Imperatortritt des Alten, Einzigen!«

Audienz beim Dichterfürsten

Unter Goethes Leitung von 1797 bis zu seinem Tod 1832 vergrößerte sich der Bestand in der Bibliothek von 68 000 auf 140 000 Bücher. Doch die »Oberaufsicht« über die herzogliche

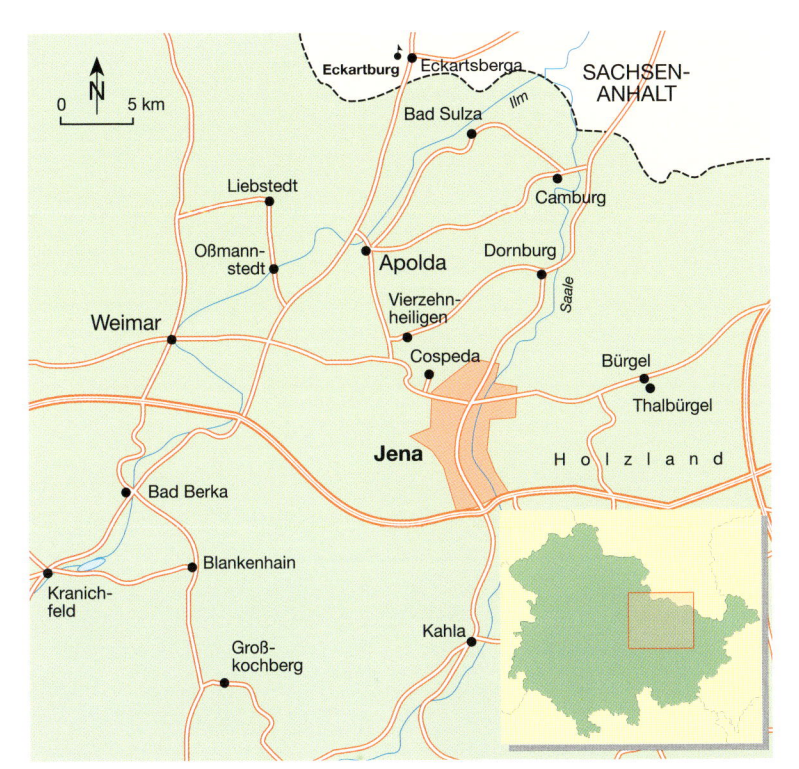

Die ehemalige Klosterkirche Thalbürgel gehört zu den bedeutendsten Kirchenbauten in Thüringen (unten).

Bibliothek war nur eines unter den zahlreichen Hofämtern des Dichters. Als Geheimer Legationsrat saß er schon bald nach seiner Übersiedlung nach Weimar 1775 mit Sitz und Stimme im Geheimen Consilium, dem Beratergremium von Herzog Carl August. Ab 1777 stand er der Ilmenauer Bergwerkskommission vor und zwei Jahre darauf auch noch der Kriegs-, der Wegebau- und der Wasserkommission. Nach seiner fluchtartigen Italienreise übernahm er ab 1788 schrittweise die Verantwortung über alle wissenschaftlichen und künstlerischen Institutionen des Herzogtums. Er wurde in die Kommission zum Wiederaufbau des 1774 abgebrannten Schlosses berufen und leitete zudem das 1791 gegründete Hoftheater. Im Großherzogtum ab 1815 schließlich hatte Goethe als Staatsminister die »Oberaufsicht über die unmittelbaren Anstalten von Wissenschaft und Kunst in Weimar und Jena«. Bei alledem blieb ihm ausreichend Zeit und Muße für ein immenses literarisches Werk, für gesellschaftliche Verpflichtungen bei Hofe wie für allerlei per-

Vom »intershop«-Hochhaus in Jena aus sind die Kuppel des Planetariums – links – und die neue Universitätsbibliothek – rechts – gut zu erkennen (oben). Im Glockenmuseum Apolda (links).

61

Das mittlere der drei Dornburger Schlösser, hoch über der Saale gelegen, ist alljährlich Treffpunkt für das traditionelle Rosenfest. Es wird mit historischen Tänzen und Chormusik sowie der Wahl einer Rosenkönigin begangen und erinnert Carl Alexander, dem am 24. Juni 1848 bei einem Umzug Rosen überreicht worden waren (alle Bilder).

sönliche Amusements. Einen Empfang durch den Dichterfürsten empfanden zeitgenössische Literaten als unvergleichliches Ereignis. »Göthen hab ich gesprochen, Bruder!«, schwärmte Friedrich Hölderlin gegenüber Georg Wilhelm Friedrich Hegel. »Es ist der schönste Genuß unsers Lebens, so viel Menschlichkeit zu finden bei so viel Größe. Er unterhielt mich so sanft und freundlich, daß mir recht eigentlich das Herz lachte, u. noch lacht, wenn ich daran denke.« Felix Mendelssohn-Bartholdy musste dem Dichter »ein Stündchen Clavier vorspielen, von allen verschiedenen großen Componisten«. Franz Grillparzer erinnerte sich: »Schwarzgekleidet, den Ordensstern auf der Brust, gerader, beinahe steifer Haltung trat er unter uns wie ein Audienz gebender Monarch.« Selbst der kritische Heinrich Heine zeigte sich, trotz aller skeptischer Distanz, nicht unbeeindruckt: »Sein Auge war klar und glänzend. Dieses Auge ist die einzige Merkwürdigkeit, die Weimar jetzt besitzt.«

Wie überdauert eine derart prägende Persönlichkeit im kulturellen Gedächtnis einer Kleinstadt? Die Orte des Geschehens zwischen Frauenplan und Theater, im Park an der Ilm oder im Schloss sind seit Goethes Lebzeiten Pilgerstätten. »Lächerlich, solch ein Geniekult, lächerlich, ein Leben in Spiritus zu konservieren, lächerlich, die Bewohner einer Stadt zu Mitwirkenden eines beständigen Passionsspieles zu machen«, lästerte Egon Erwin Kisch 1926. Und sein Zeitgenosse Hermann Bahr schrieb über die Sachwalter des geistigen Erbes im Kaiserreich: »Diese jungen Germanisten saßen im Archiv in Weimar über Goethes Schriften, Frühling kam und ging, es ward wieder Herbst, Nietzsche sank in Geistesnacht, der alte Kaiser starb, ihm folgte der Sohn, folgte der Enkel auf den Thron, Bismarck ging, Bismarck starb, Deutschland schwoll, stark und reich und neu, dem Deutschen war enge, Volk zog aus, übers Meer, in die Welt, Deutschland wurde kühn und laut, ein neues Geschlecht wuchs auf, Krieg brach aus, aber jene saßen noch immer tagaus, tagein dort im Archiv in Weimar über Goethes Schriften.« Diese Art von Hassliebe Weimar und seinen Bewohnern gegenüber ist nicht selten unter Leuten, die die Stadt aus der Nähe kennen. Doch es gibt viele Momente, die mit Weimar versöhnen. Wenn zum Beispiel die Flaniermeile an der einstigen Esplanade, der heutigen Schillerstraße, unter dem sommergrünen Dach alter Bäume einen Hauch südländischer Lebensweise verströmt. Oder wenn der Park an der Ilm, ein weitläufiger englischer Landschaftspark, die Nähe des städtischen Alltags vergessen macht. Akteure im permanenten Schauspiel von Geschäftigkeit und Müßiggang sind die Menschen der Stadt und unter ihnen viele Studenten. Touristen aus aller Welt sind Statisten und Zuschauer zugleich.

Wohl auch weiterhin wird das klassische Weimar immer neue Besucherströme anlocken, trotz der vorübergehenden antiautoritären Kulturvergessenheit ganzer Generationen. Kenner der Stadt und ihrer Schätze schlagen vor, für die Museen und Sammlungen mindestens drei Tage einzuplanen – erholsame Ruhepausen in den Cafés, Restaurants und Kneipen nicht eingerechnet. Nahezu das ganze Jahr über ist Weimar zwischen Hochkultur und Zwiebelmarkt eine gute Adresse für Veranstaltungen. Und dank ihrer Hochschulen präsentiert sich die Stadt immer auch modern und – in Maßen – unkonventionell. Die Bauhaus-Universität und die Hochschule für Musik Franz Liszt verdanken ihren Gründungsimpuls letztlich jener Zeit, als Weimar im 19. und frühen 20. Jahrhundert anzuknüpfen versuchte an die klassische Blütezeit unter Herzog Carl August.

Alt und Neu liegen in Jena eng beieinander: »intershop«-Turm und Schillers Gartenhaus (oben). Die Kneipenstraße Wagnergasse ist ein beliebter Treffpunkt unweit der Jenaer Universität (rechts). Die »Goethe-Galerie« setzte nach der Wiedervereinigung Maßstäbe für moderne innerstädtische Shoppingmeilen (rechte Seite).

Gelehrtenrepublik und freie Liebe

Zur Weimarer Klassik gehört immer auch die benachbarte Universitätsstadt Jena. Zwar gab es zu keiner Zeit so etwas wie einen Masterplan für eine Doppelstadt mit dem Hort der schönen Künste auf der einen und dem Ort der Wissenschaft auf der anderen Seite. Doch die Entwicklung hat es so gefügt. Die Nähe von »Musenhof« und Universität war dafür eine entscheidende Voraussetzung. Schiller rühmte die 1548 in Jena gegründete »Hohe Schule« gut 200 Jahre später als eine »ziemlich freie und sichere Republik, in welcher nicht leicht Unterdrückung stattfindet«. Das bedeutete für die Universitätsgelehrten in Jena ähnliche Freiräume wie für die großen Geister in Weimar. Während Goethe und Schiller die Nähe von Philosophie und Naturwissenschaften suchten, machten Jenaer Professoren wie die Mediziner Johann Friedrich Hufeland oder Justus Christian Loder in der Residenz auf ihre Projekte aufmerksam. Eins davon war das »Accouchierhaus«, der ersten akademischen Entbindungsanstalt mit Hebammenschule. Hier konnten nun auch Frauen unterer sozialer Schichten unter medizinischer Aufsicht entbinden.

Die Freiheit zu persönlichen Kontakten unter Gleichgesinnten machte die Jenaer »Gelehrtenrepublik« um 1800 zunehmend attraktiv für Studenten und führte zahlreiche Dichter und Denker in die Stadt. Mit der Frühromantik (1795/98–1804) entstand zudem ein Gegenentwurf zum klassischen Ideal des benachbarten Weimar. Eine Ausstellung im einstigen Jenaer Wohnhaus von Johann Gottlieb Fichte (1762–1814), dem heutigen Romantikerhaus, zeichnet von dieser bewegten Zeit ein anschauliches Bild. Während damals nebenan Goethe an seiner Unsterblichkeit als deutscher Nationaldichter arbeitete, versuchten einige junge Dichter, Kritiker, Philosophen und Naturwissenschaftler in der Universitätsstadt den Aufbruch.

Die Resonanz war kaum vorherzusehen, als 1796 der junge Friedrich Schlegel nach Jena kam. »Ich werde immer mehr Fichtes Freund«, bekannte er ein Jahr nach der Bekanntschaft mit dem Philosophen, der für ihn zum maßgeblichen Anreger werden sollte. Ähnliche Bedeutung hatte für den theoretischen Kopf der Romantiker der Philosoph Friedrich Wilhelm Schelling. Darüber hinaus gesellten sich um die Brüder Friedrich und August Wilhelm Schlegel auch dessen Frau Karoline, die Dichter Friedrich von Hardenberg (Novalis) und Ludwig Tieck, der Medizinstudent Clemens von Brentano, der Physiker Wilhelm Ritter und andere. Sie lobten Goethe und sahen in ihm sogar den wichtigsten Dichter seiner Zeit. Dagegen spotteten sie über Schiller mit beißender Satire. Es sei zwar »lehrreich und billig«, beide nebeneinander zu stellen. Doch wäre es »unbillig, jenen mit diesem als Dichter zu vergleichen«. Neben aktueller Literaturkritik beschäftigten sie sich mit Antike und Mittelalter und machten beides als mögliche Modelle für den Zeitgeist populär. Sie schwärmten von Natur, Freundschaft und Geselligkeit und suchten darin eine neue Mitte der Welt. Sie predigten nicht nur freie Liebe und unbändige Freiheit, sondern lebten beides auch – mitunter in exzentrischer Gewandung des französischen Empire und ohne Rücksicht auf die öffentliche Meinung in der kleinbürgerlichen Universitätsstadt. Die maßgeblichen Theorien dazu entwickelten sie in Zirkeln und Zeitschriften wie dem »Athenäum«. Darin propagierten sie die umfassende »Poetisierung des Alltags«. »Nach meiner Ansicht und nach meinem Sprachgebrauch ist eben das romantisch, was uns einen sentimentalen Stoff in einer fantastischen Form darstellt«, formulierte Schlegel. Doch wie so oft im Leben zerbrach auch diese illustre Gemeinschaft ambitionierter Geister

Humanismus und Barbarei

Hochkultur und Menschenverachtung lagen im 20. Jahrhundert in Thüringen dicht beieinander. In unmittelbarer Nachbarschaft zu den Stätten der deutschen Klassik begannen die Nationalsozialisten 1937 mit dem Aufbau des Konzentrationslagers Buchenwald. Hier brachten sie bis 1945 mindestens 56 000 Menschen um. Die ersten KZs überhaupt waren 1933 in Nohra bei Weimar und in Bad Sulza bei Apolda eingerichtet worden. Bis Kriegsende gab es in Thüringen ein dichtes Netz von Zwangsarbeitslagern und Rüstungsbetrieben. Größtes Unternehmen dieser Art war das KZ Mittelbau-Dora bei Nordhausen. Hier mussten die Häftlinge unter unmenschlichen Bedingungen in unterirdischen Produktionshallen die Raketenwaffen V 2 montieren. Nach dem Zweiten Weltkrieg nutzte die sowjetische Besatzungsmacht das ehemalige KZ Buchenwald bis 1950 als Internierungslager. Die Bilanz: Von den rund 28 000 Internierten starb jeder vierte.

an persönlichen Rivalitäten und Eifersüchteleien. Immerhin aber war der Kreis um die Brüder Schlegel zwischen 1796 und 1801 zum Ausgangspunkt einer völlig neuen Strömung geworden. Sie machte Jena – an der Seite von Weimar und doch ohne die klassischen Größen – kurzzeitig zum fortschrittlichsten geistigen Zentrum in ganz Deutschland. In der zweiten Hälfte des 19. Jahrhunderts interessierten sich dann zunehmend Naturwissenschaftler für die Stadt, in der Erich Haeckel als »deutscher Darwin« für Aufsehen sorgte.

Fortsetzung Seite 74

Im »Heiligtum« der deutschen Klassik: Junozimmer (großes Bild) und Arbeitszimmer (linke Seite) in Goethes Wohnhaus am Weimarer Frauenplan. – Der Dichterfürst ist in der Stadt nahezu überall präsent – wie im historischen »Gasthaus zum weißen Schwan« (links).

Start in die Moderne

Das Bauhaus brachte einen neuen Geist nach Weimar

1 Treppenspirale im heutigen Hauptgebäude der Bauhaus-Universität, das nach Entwürfen Henry van de Veldes zwischen 1904 und 1911 für die damalige Kunstgewerbeschule erbaut wurde. 2, 6 Am Theaterplatz erinnert das Bauhaus-Museum an den Aufbruch der Stadt Weimar in die Moderne. 3 Der Innenhof des Hauptgebäudes der Bauhaus-Universität. – 4 Das Gropius-Zimmer in der Universität, eine Nachgestaltung von 1999. 5 Das »Haus am Horn«, 1923 als Musterhaus für die große Bauhaus-Ausstellung errichtet, ist Weimars einziges Bauhaus-Gebäude.

»Das Bauhaus war mehr als eine Schule«, befand der amerikanische Erfolgsautor Tom Wolfe (geb. 1900) in seiner berühmten Polemik gegen moderne Architektur: »Es war eine Kommune, eine spirituelle Bewegung, ein radikaler Zugang zur Kunst in all ihren Formen, ein philosophisches Zentrum, dem Garten des Epikur vergleichbar.« Sogar eine Reformdiät habe die Kunstschule unterstützt – ein »Mus von rohem, frisch geerntetem Gemüse«, das nur durch Gewürze irgendeinen Geschmack bekommen habe. Die Frau des Gründungsdirektors Walter Gropius, Alma Mahler, habe es als das unvergesslichste Charakteristikum des Bauhaus-Stils empfunden, »wenn jemand nach Knoblauch aus dem Hals stank«.

Das frühe Bauhaus, Weimars Start 1919 in die Moderne, war dem Expressionismus und dem Dadaismus näher als einer akademischen Bildungsstätte. Vorläufer waren die Großherzoglich-Sächsische Kunstschule von 1860 und die Kunstgewerbeschule Henry van de Veldes von 1907. Konzeptionell forderte die neue »Werkstatt der Zukunft« die Einheit von Kunst und Technik: »Das Bauhaus will Architekten, Maler und Bildhauer aller Grade je nach ihren Fähigkeiten zu tüchtigen Handwerkern oder selbständig schaffenden Künstlern erziehen und eine Arbeitsgemeinschaft führender und werdender Werkkünstler gründen, die Bauwerke in ihrer

Gesamtheit – Rohbau, Ausbau, Ausschmückung und Einrichtung – aus gleich geartetem Geist heraus einheitlich zu gestalten weiß.« Der Direktor Walter Gropius (1883–1969) war für das Praktische zuständig, Johannes Itten (1888–1967) als Guru der damals sehr trendigen Lebensreformbewegung Mazdaznan sorgte sich ums Spirituelle. Die Lehrlinge, Gesellen und Meister arbeiteten in Werkstätten wie Druckerei, Töpferei, Weberei, Tischlerei, Bühnenbild und in der Metallwerkstatt, hinzu kamen Formen- und Farbenlehre, Architektur, Baulehre und Freie Kunst. Lyonel Feininger, Gerhard Marcks, Paul Klee, Oskar Schlemmer und Wassily Kandinsky machten das Bauhaus als Lehrer weltberühmt. Höhepunkt der ersten Jahre war die große Ausstellung 1923. Daneben sorgten die Bauhäusler mit unkonventionellen Festen, Aufführungen der Bauhausbühne und der Bauhauskapelle in der Stadt für Aufsehen. Von Anfang an jedoch begegneten sie auch heftiger Ablehnung. Das konservative Weimar beklagte eine »einseitige und intolerante Herrschaft des extremen Expressionismus«. Die Kündigung der Arbeitsverträge durch die 1924 gewählte rechtslastige Landesregierung bedeutete im Jahr darauf das Aus. Ende März 1925 verabschiedete sich das Bauhaus von seinem Gründungsort mit einem großen Kehraus-Fest im Ilmschlösschen in Oberweimar. Bis 1932 wurde das Bauhaus in Dessau und dann bis August 1933 in Berlin als Privatinstitut von Ludwig Mies van der Rohe weitergeführt. In Weimar beherbergen die einstigen Lehr- und Werkstattgebäude heute die Bauhaus-Universität.

Einziges Bauhaus-Gebäude in Weimar ist das von Georg Muche entworfene und von Gropius ausgeführte »Haus am Horn«. Das Musterhaus für die Ausstellung von 1923 erinnert zugleich an die damals geplante, jedoch nie realisierte Bauhaus-Siedlung. 1995 wurde die Idee schließlich aufgegriffen, um ein innerstädtisches Militärgelände in ein attraktives Wohngebiet zu verwandeln. Die als »neues bauen am horn« entstandene Siedlung bietet anschauliche Beispiele dafür, dass die angeblich vom Bauhaus ausgegangene »Diktatur des rechten Winkels« im modernen Bauen nicht zwangsläufig zu Einfallslosigkeit und unangenehmer Monotonie führen muss.

69

Abendstimmung in Weimar – Stadthaus und Cranachhaus am Markt.

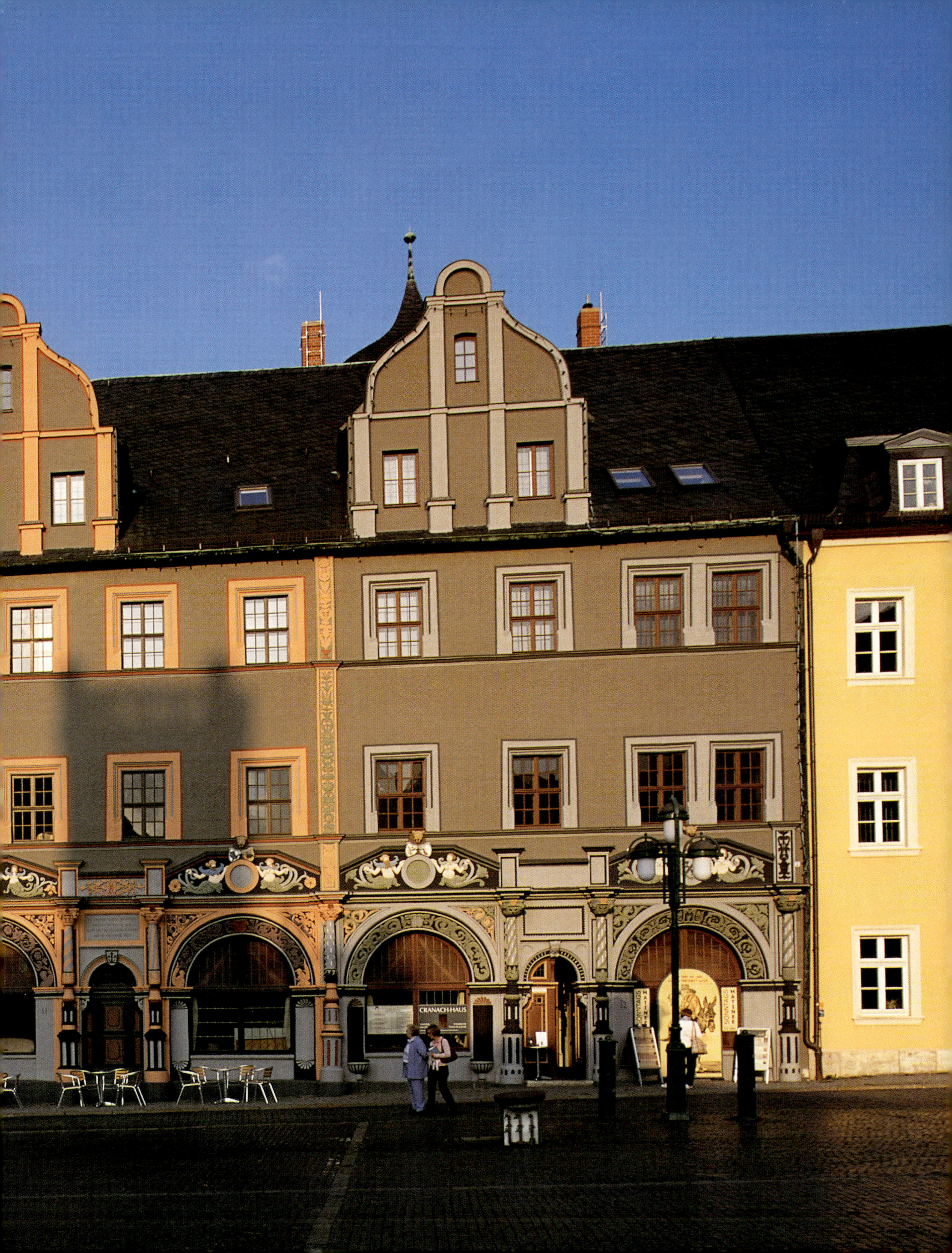

Das Doppelstandbild der Dichterfürsten Goethe und Schiller vor dem Deutschen Nationaltheater (Mitte). – Goethes Wohnhaus am Frauenplan (oben), das Herzog Carl August seinem Günstling vermachte. – Schiller kaufte sein Haus und wohnte dort mit seiner Frau Charlotte und seinen vier Kindern von 1802 bis zu seinem Tod 1805 (unten).

*Die als Herderkirche bekannte
Stadtkirche St. Peter und Paul mit
dem Reformationsaltar von Lucas
Cranach (oben). – Das Wittumspalais am Theaterplatz, einstiger
höfischer Witwensitz (unten).*

Inmitten von Gärten und Reben

»Die Aussicht ist herrlich und fröhlich«, schwärmte Goethe 1828 in einem Brief von den Dornburger Schlössern: »Die Blumen blühen in wohlunterhaltenen Gärten, die Traubengeländer sind reichlich behangen, und unter meinem Fenster seh ich einen wohlgediehenen Weinberg. Von der anderen Seite sind die Rosenlauben bis zum Feenhaften geschmückt und die Malven und was nicht alles blühend und bunt ...« Auch heutige Besucher können am hohen Hang über der Saale wie zu Goethes Zeiten »tiefgründende Weinhügel« und »an Mauergeländern üppige Reben« entdecken. Zudem bietet sich von den Schlössern nördlich von Jena ein faszinierender Ausblick auf das weite Saaletal. Zwei der drei Schlösser – das mittlere Rokokoschloss und das Renaissanceschloss – sind unmittelbar mit Weimar verbunden. Hier fanden der Fürst und sein Hof in familiären Runden und bei kleineren Festen Abstand und Erholung vom Regieren. Zudem wohnte Goethe gelegentlich hier, wenn er in Staatsgeschäften unterwegs war. Von Dornburg aus hatte er sich 1779 um die Lage der Bauern in der Gegend ebenso zu kümmern wie um die wirtschaftlichen Probleme der Strumpfwirker von Apolda oder um die Rekrutierung junger Männer für das Militär. Bei alledem schrieb er an der »Iphigenie«. Nach wiederholten Besuchen in den nächsten Jahrzehnten zog sich Goethe im Sommer 1828 für längere Zeit hierher zurück. Mit der Arbeit an seiner Werkausgabe, an der »Italienischen Reise« und der Zeitschrift »Über Kunst und Altertum« sei er »beschäftigt bis zum Irrewerden«, klagte er in einem Brief. Weitab vom Weimarer Hof ereilte ihn auch die Nachricht vom Tod seines Freundes und Gönners Carl August. Der Herzog war am 14. Juni 1828 nach einem Herzschlag gestorben. Doch den Trauerfeierlichkeiten blieb Goethe fern. »Mein ohnehin sehr leidender Gemütszustand würde, bei spezieller Vergegenwärtigung der Verdienste unseres hohen Abgeschiedenen, bis zur Verzweiflung gesteigert werden«, beschied er dem Weimarer Kanzler Friedrich von Müller und dankte für die angebotene »Vergünstigung eines Aufenthalts in Dornburg«.

Die Hügellandschaft zwischen dem Refugium über der Saale und Weimar ist seit 1806 blutgetränkter Boden. Hier auf dem Schlachtfeld von Jena und Auerstedt bereitete Napoleon den preußischen Truppen eine vernichtende Niederlage. Der Sieg festigte sein Regiment in Deutschland und bescherte Weimar die Plünderung durch die Franzosen. Den marodierenden Truppen wurde erst Einhalt geboten, nachdem sich der Weimarer Schuhmachermeister Petri dem Kaiser zu Füßen geworfen hatte.

Ländliche Traditionen: ein historisches Fachwerkhaus im Freilichtmuseum »Thüringer Bauernhäuser« in Rudolstadt (oben). Impressionen vom Weimarer Zwiebelmarkt mit den berühmten Zwiebelzöpfen und vom beliebten Kartoffelfest in Heichelheim (rechte Seite).

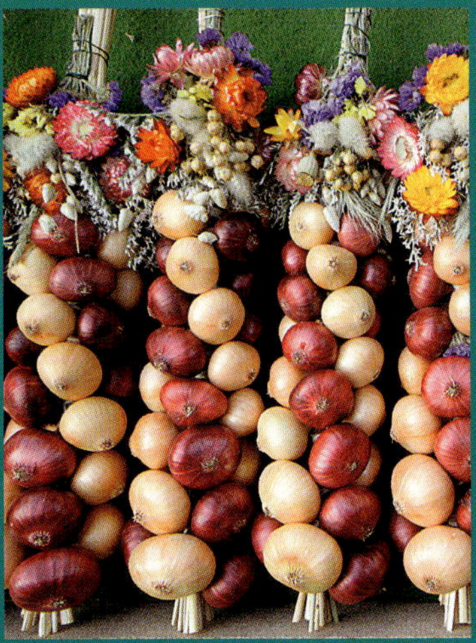
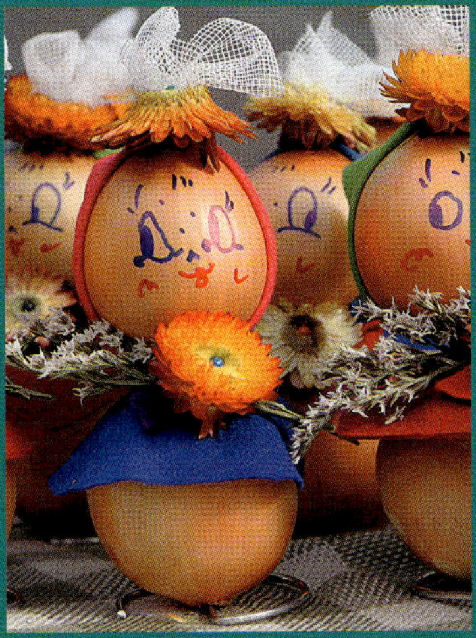
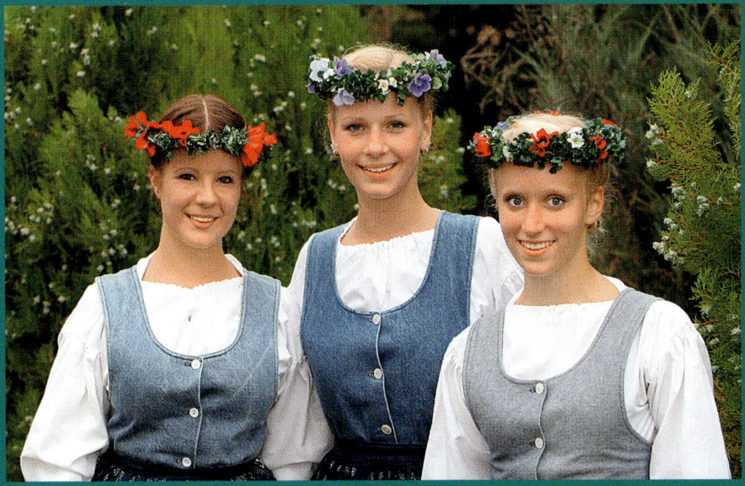
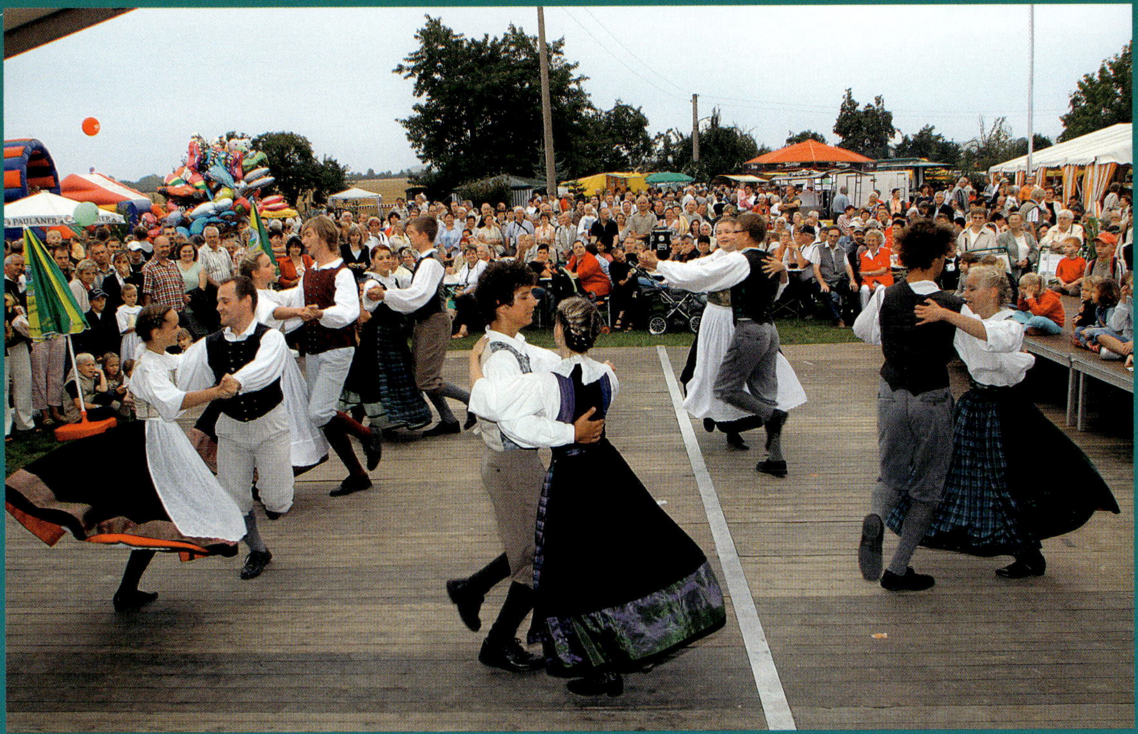
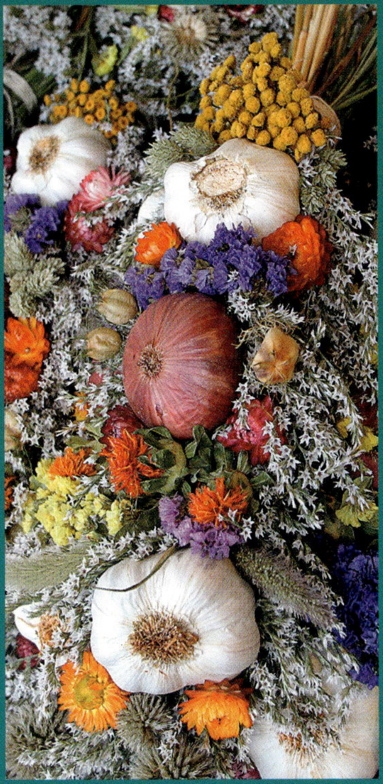
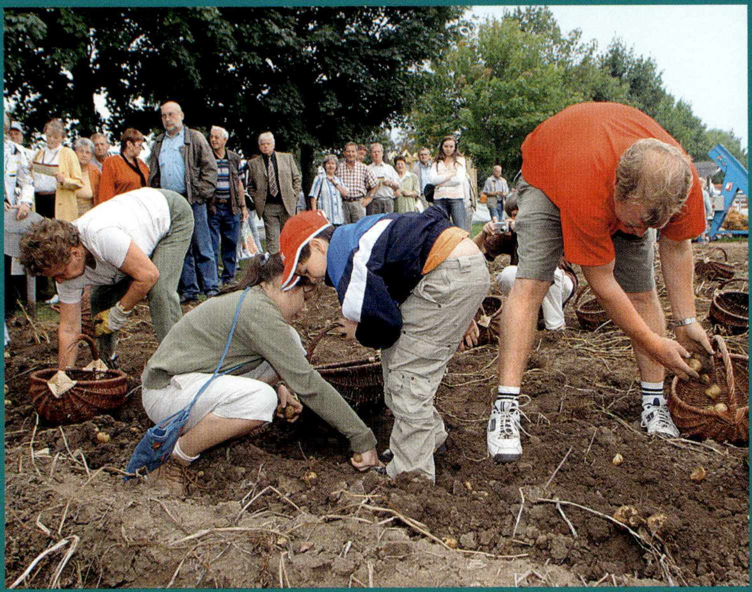
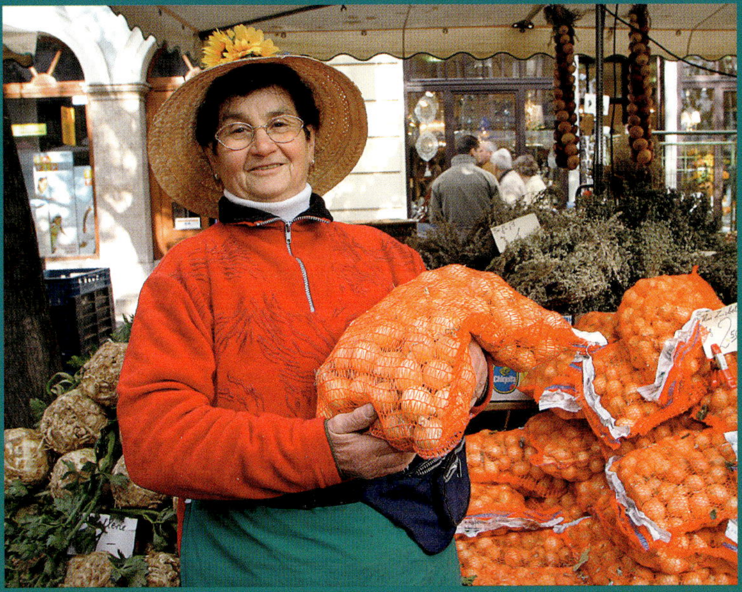

Vorarbeit für einen guten Tropfen: Weinlese im Thüringer Weingut Bad Sulza (ganz oben). – Verkostung im Weingut Zahn an der Saale in Kaatschen-Weichau (oben). – Blick von der Leuchtenburg bei Kahla ins Thüringer Holzland (rechte Seite).

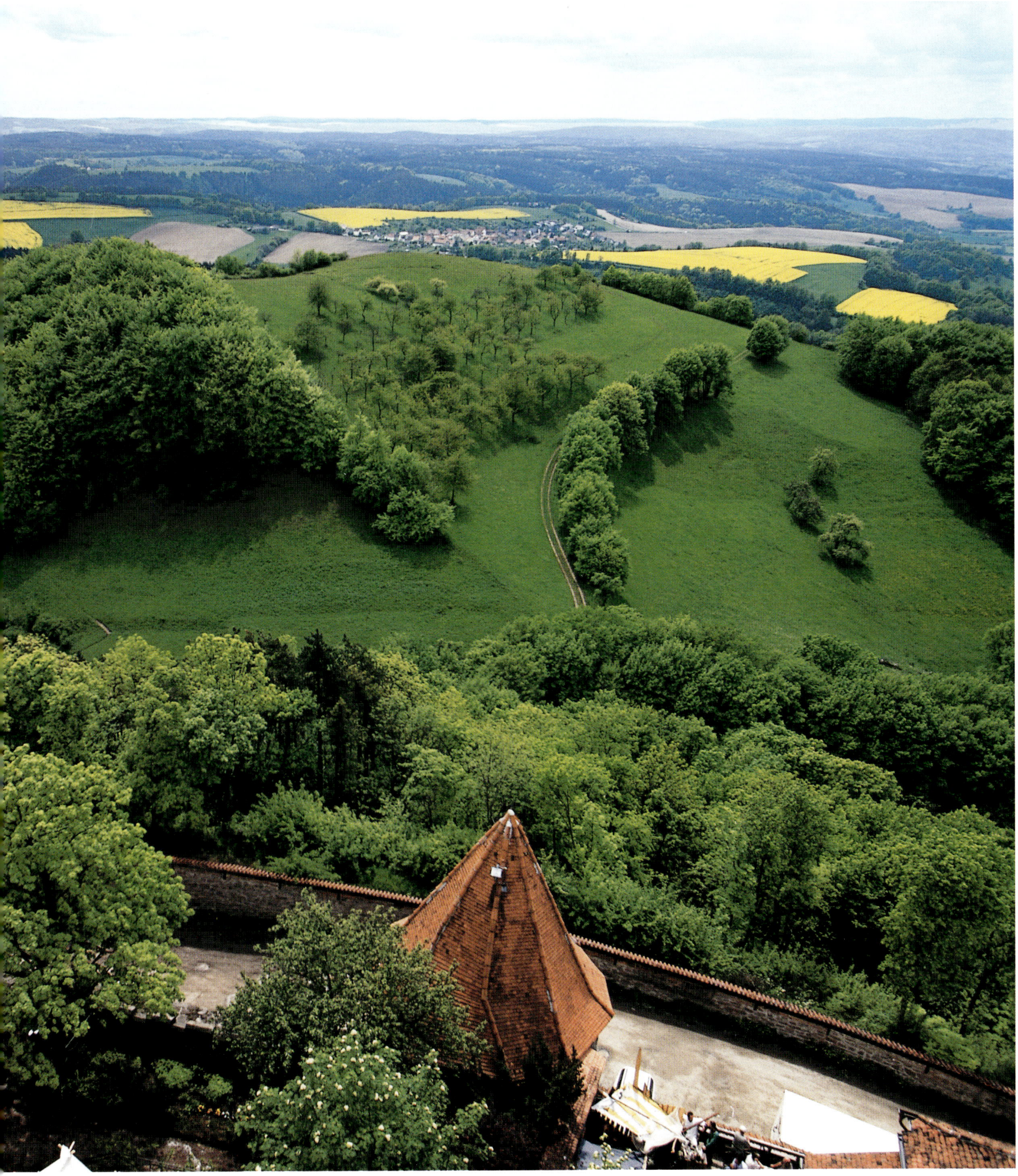

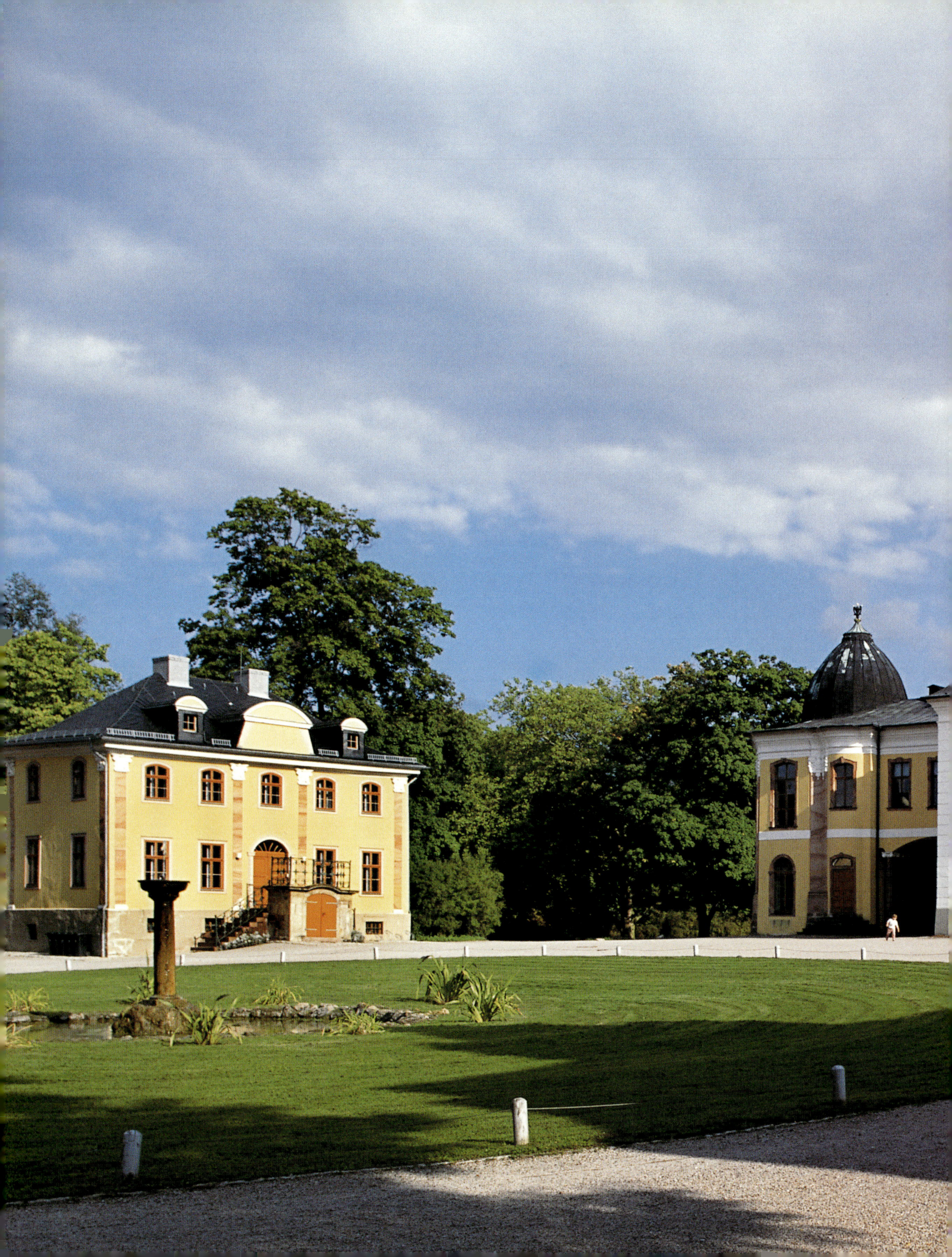

Beliebter fürstlicher Sommersitz – Schloss Belvedere bei Weimar.

Auf den Spuren großer Geister

Goethe und Schiller sind in Thüringen allgegenwärtig

1, 2 Wandern wird in Thüringen groß geschrieben. – 3 Gemütliche Rast auf dem Kickelhahn bei Ilmenau, wo Goethe an der Holzhütte »Wanderers Nachtlied« (5) verewigte. – 4 Dichterasyl des jungen Schiller: Im Winter 1782 fand er Unterschlupf in Bauerbach bei Meiningen. – 6. Das Amtshaus in Ilmenau erinnert an Goethes wiederholte Dienstreisen in die Stadt. – 7 Mit Besuchen des Dichterfürsten im Thüringer Wald ist auch das Gundelachsche Haus in Stützerbach verbunden. – 8 Schloss Kochberg bei Rudolstadt war einst Landsitz der Familie von Stein und deshalb ein von Goethe bevorzugtes Ausflugsziel.

»Ich bin nun ganz in alle Hof- und politische Händel verwickelt und werde fast nicht wieder weg können«, klagte der 26-jährige Johann Wolfgang von Goethe schon wenige Monate nach seiner Ankunft in Weimar 1775. Trotzdem hinterließ er im Herzogtum mannigfache Spuren. Am deutlichsten sind sie bis heute in der einstigen Residenzstadt, wo er zunächst im Gartenhaus im Park an der Ilm wohnte. 1782 zog er in das üppige Haus am Frauenplan, das nach seinem Tod 1832 Museum wurde. Weitere Erinnerungsorte sind das Schloss, in dem er ab 1776 zum Kabinett von Herzog Carl August gehörte, und die herzogliche Bibliothek, deren oberster Dienstherr er ab 1797 war. Zwischen 1791 und 1798 entstand unter seiner Anleitung im Ilmpark das Römische Haus als herzoglicher Sommersitz. Das von ihm geleitete Hoftheater wurde 1908 durch den Neubau des späteren Deutschen Nationaltheaters ersetzt. Die Fürstengruft auf dem Historischen Friedhof ist der Ort seiner letzten Ruhe.

Goethe-Gedenkorte gibt es in nahezu allen Thüringer Regionen. Die unvollständige Liste reicht von Artern über Bad Berka, Dornburg, Eisenach, Erfurt, Heiligenstadt und Hildburghausen bis nach Jena und Meiningen. In Ilmenau hatte der Dichter häufig als Beamter zu tun. Auf dem nahen Kickelhahn schrieb er 1780 die Verse »Über allen Wipfeln ist Ruh ...« an die Wand der Jagdaufseherhütte. Heute verbindet der Goethe-Wanderweg zwischen Ilmenau und Stützerbach zahlreiche Stationen mit Hinweisen auf seine Besuche im Thüringer Wald. Schloss Kochberg bei Rudolstadt ist Synonym für Goethes ungeklärte Liaison mit der sieben Jahre älteren Charlotte von Stein. Von der Freundschaft mit der Frau des Weimarer Kammerherrn und Stallmeisters Baron von Stein zeugen nur noch die fast 2000 »Zettelgen« und Briefe von Goethes Hand. Charlotte hatte ihre Schreiben nach der fluchtartigen Italien-Reise des Freundes zurückgefordert und vernichtet.

In Rudolstadt erinnert das einstige Haus der Familie von Beulwitz an die glücklose Begegnung zwischen Johann Wolfgang von Goethe und Friedrich von Schiller (1759–1805) am 7. September 1788. »Sein erster Anblick stimmt die hohe Meinung ziemlich tief herunter, die man mir von dieser anziehenden und schönen Figur beigebracht hatte«, resümierte der Autor der »Räuber«. Schiller war bereits im Winter 1782 auf der Flucht vor seinem Württemberger Dienstherren nach Thüringen gelangt. Asyl fand der aufbegehrende junge Mann zunächst in Bauerbach bei Meiningen. Seinem dortigen Aufenthalt, in dem er den »Fiesko« überarbeitete und »Don Carlos« begann, ist auf dem einstigen Gut der Henriette von Wolzogen eine Gedenkstätte gewidmet.

In Jena trägt seit 1935 die Universität den Namen ihres früheren Geschichtsprofessors, der hier ab 1789 zehn Jahre seines Lebens verbrachte. Außer dem Gartenhaus im heutigen Schillergässchen ist mit der Kirche in Wenigenjena auch Schillers Traukirche erhalten. Die neuerliche Begegnung mit Goethe am 20. Juli 1794 in der Universitätsstadt begründete dauerhafte Arbeitskontakte. »Das günstige Zusammentreffen unserer beiden Naturen hat uns schon manchen Vorteil verschafft und ich hoffe, dieses Verhältnis wird immer gleich fortwirken«, urteilte Goethe später.

Schiller ging 1799 nach Weimar, wo er 1802 das Wohnhaus an der Esplanade erwarb. Seine letzte Ruhestätte fand er schließlich an Goethes Seite in der Fürstengruft.

81

Wälder, Wasser und Wanderwege

Ostthüringen zwischen Altlasten und üppiger Natur

Freizeitparadies nicht nur für Wassersportler: Der Hohenwarte-Stausee staut die Saale auf einer Länge von 27 Kilometern (beide Bilder oben). – Die 800-jährige Osterburg in Weida war einst Sitz der mittelalterlichen Herrschaften, die bis ins bayerische Regnitzland hinein regierten (rechte Seite).

Bei Gera haben die Thüringer Berge versetzt. Wo sie über Jahrzehnte ohne Rücksicht auf Mensch und Natur radioaktives Uranerz abgebaut haben, veränderten sie seit 1990 Schritt um Schritt das Profil einer Landschaft. Meter für Meter verschwanden die dunklen Spitzkegel der gewaltigen Abraumhalden von der Bildfläche. In einer einzigartigen Aktion wandelte sich das Industriegebiet für die Bundesgartenschau BUGA 2007 zur »Neuen Landschaft Ronneburg«.

Das einstige Bergbauunternehmen »Wismut« ist Deutschlands größter Sanierungsfall. Der finanzielle Aufwand von 6,2 Milliarden Euro und die Dimensionen des gewaltigen Vorhabens zur Beseitigung der »strahlenden« Hinterlassenschaften sind ohne Beispiel. Für jährlich zwischen 220 und 230 Millionen Euro wurden Fördertürme und Aufbereitungsanlagen abgerissen, radioaktiv kontaminiertes Erdreich entsorgt, die unterirdischen Anlagen geflutet und der Abraum in ausgediente Tagebaulöcher verfüllt. Tagelang fuhren die Sanierungstrupps im Minutentakt mit vollen Dumpern von den Halden in die Grube.

Die Geschichte der »Wismut« begann unmittelbar nach dem Zweiten Weltkrieg. Auf der Suche nach Uran für die Rüstung machte die sowjetische Besatzungsmacht ab 1946 zwischen Ostsee, Vogtland und Erzgebirge 27 Lagerstätten ausfindig. Ronneburg war eine der bedeutendsten. Bereits 1954 beschäftigte die »Sowjetisch-Deutsche Aktiengesellschaft (SDAG) Wismut« 120 000 Mitarbeiter, darunter 3000 sowjetische. Doch was sie bis 1990 zu Tage förderten, war vergleichsweise minderwertiges Erz.

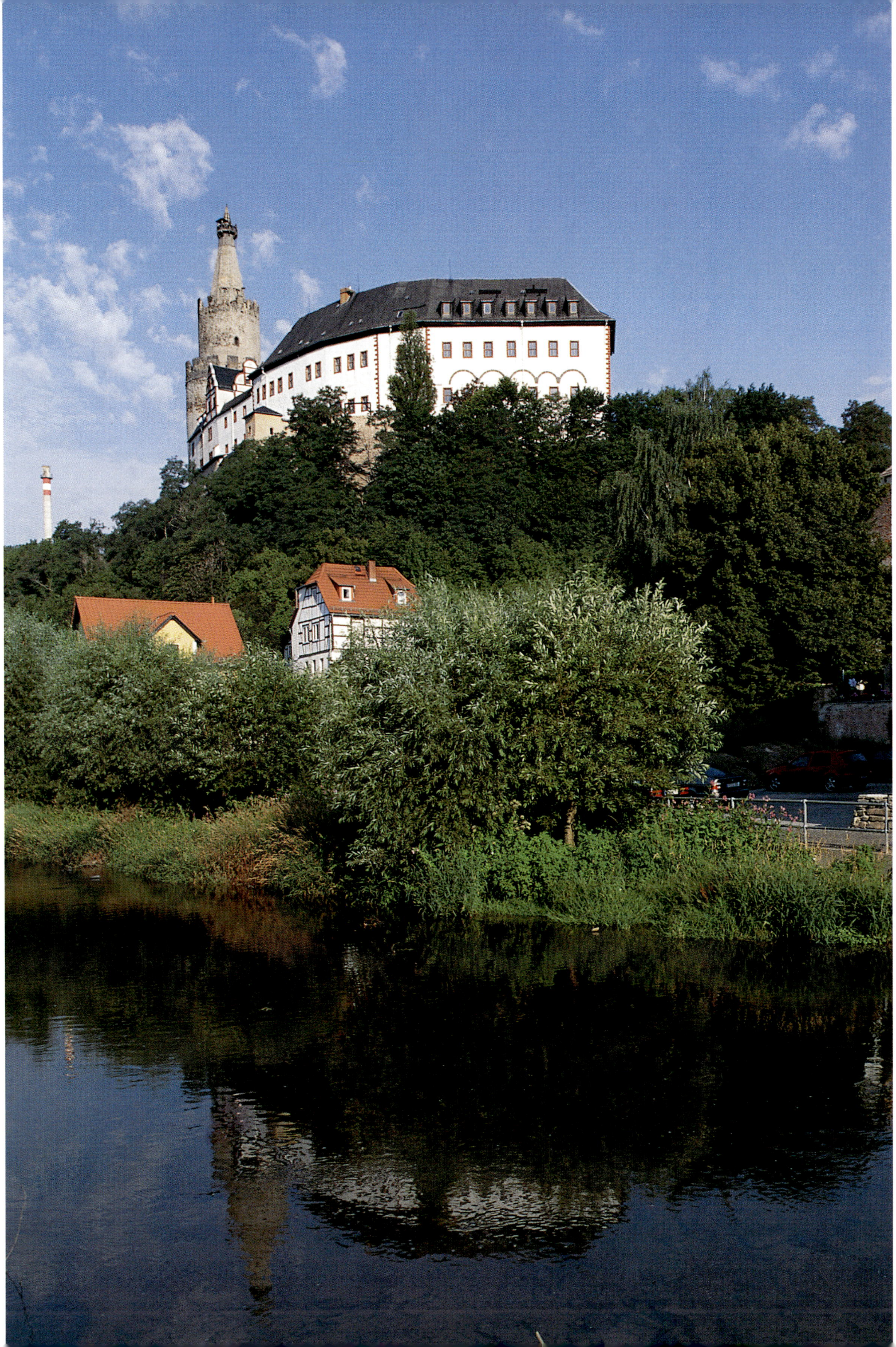

Trotzdem landete die DDR mit einer Uranproduktion von insgesamt 231 000 Tonnen unter den Förderländern nach den USA und Kanada auf Platz drei. Viele der zuletzt 30 000 Wismut-Kumpel zahlten für ihren Knochenjob trotz billigen Bergmannsschnapses und bevorzugter Ferienplätze einen hohen Preis. Staublunge oder Lungenkrebs waren in der verstrahlten Region deutlich häufiger als anderswo. »Berufsrisiko«, hieß es oft leichtfertig in der DDR. Gleichwohl war die »Wismut« für Generationen von Bergarbeitern und ihre Familien immer auch so etwas wie Heimat. Vor diesem Hintergrund will das BUGA-Gelände mit den streng geometrischen »Lichtenberger Kanten« und dem Stadtpark Ronneburg für die Einheimischen nach der großen Schau auch so etwas wie ein neues Zuhause sein.

In der Residenz des Posthumus

Von der Bundesgartenschau profitiert zweifellos auch das benachbarte Gera. Eine grüne Meile führt vom Gessental bei Ronneburg über den Ufer-Elster-Park direkt zum Hofwiesenpark im Zentrum der Stadt. Von hier aus sind es nur wenige Schritte zur Orangerie und zum Küchengarten, den wenigen erhaltenen Zeugnissen der Reußen in Gera. Von ihrem Schloss Osterstein hoch über dem Ortsteil Untermhaus, seit dem Zweiten Weltkrieg eine ausgebrannte Ruine, blieb nach der Sprengung 1962 nicht viel. Seither fehlt dem Stadtbild ein Bezugspunkt, der für Generationen von Geraern prägend war. Die historische Neustadt von 1731 ersetzten sozialistische Städteplaner ab 1973/1974 durch ein »Haus der Kultur« und einen zugigen Platz für Kundgebungen davor. Daneben nimmt sich das barocke Stadtmuseum beinahe etwas verloren aus. Dagegen haben die traditionelle Einkaufsstraße »Sorge« und der Markt ihre ursprüngliche Atmosphäre bewahrt. Das Rathaus mit seinem hohen Turm über dem prachtvoll verzierten Portal und die Stadtapotheke sind die beiden ein-

Mit seinen 54 Metern ist der wuchtige Turm der Osterburg in Weida weithin sichtbar (oben). Bei Wanderungen an den Saale-Talsperren bieten sich immer wieder reizvolle Ausblicke (Mitte). – Der Rathausturm mit Justitia in Zeulenroda (rechts).

Die Fassade des spätgotischen Rathauses von Pößneck ziert ein imposanter Staffelgiebel (oben). Im »Café Salvatore« in Zeulenroda (rechts oben). – Wasserkraftmuseum Ziegenrück (rechts unten).

zigen Renaissancebauten, die wiederholten Stadtbränden trotzten. Beim »Großen Brand« vom September 1780 gingen 785 von 897 Gebäude in Flammen auf. Die anschließend wiederaufgebaute barocke Salvatorkirche überrascht im Inneren mit einer kompletten Ausgestaltung im Jugendstil.

Die Gruft der Kirche war von 1922 bis 1997 provisorische Grabstätte für elf Särge des Fürstenhauses Reuß, die 1921 in den herrschaftlichen Grüften der 1780 zerstörten Johanniskirche entdeckt worden waren. Von der Öffentlichkeit nahezu unbeachtet überstanden sie am neuen Standort alle politischen Wirren. Allerdings setzten Feuchtigkeit und Alterskorrosion den Sarkophagen arg zu. Restauriert wurde inzwischen der Sarg des wohl bedeutendsten Geraer Fürsten, Heinrich Reuß des Jüngeren (Posthumus). Weil er 1572 zwei Monate nach dem Tod seines Vaters geboren wurde, erhielt er den Namen Posthumus. Mit seiner Regentschaft sind Reformen im Staats- und Kirchenwesen ebenso verbunden wie die Förderung von Wissenschaft, Wirtschaft und Kultur. Der Sarg des 1635 gestorbenen Fürsten ist mit 21 Bibelstellen und Choralversen kostbar verziert, die Posthumus selbst für seine Trauerfeier ausgewählt hatte. Der mit ihm befreundete Komponist Heinrich Schütz aus Köstritz komponierte zu diesen Texten

VOM STURM ZERSTÖRT
AM 12. JANUAR 1930

AUS SPENDEN DER
BÜRGERSCHAFT NEU
ERRICHTET 1931-32

die »Musikalischen Exequien«, die als berühmteste Trauermusik des Barock bis heute zum Repertoire namhafter Chöre und Musiker gehören. Posthumus' Nachkommen zeichneten sich bis zum Abdanken des Fürstenhauses 1918 als Förderer einer lebendigen Kulturszene aus. Das Fürstliche Hoftheater von 1902 erlebte in den zwanziger Jahren seine Blütezeit, die auch auf die Stadt ausstrahlte. Otto Dix (1891–1969), dessen Geburtshaus in Gera-Untermhaus sich als sorgfältig restauriertes Museum präsentiert, war der bedeutendste Künstler der Stadt. Rund 400 seiner Gemälde und Grafiken gehören zum sehenswerten Bestand der Geraer Kunstsammlungen.

Interessant ist auch die Unterwelt von Gera. Auf mehr als neun Kilometern schlängelt sich unter der Altstadt ein Labyrinth stellenweise bis zu zehn Meter in die Tiefe. Diese insgesamt etwa 220 »Höhler« aus dem 17. und 18. Jahrhundert waren einst Wirtschaftskeller – für die Lagerung von Bier. Im Zweiten Weltkrieg wurden sie als Luftschutzkeller miteinander verbunden. Seit 1987 sind etwa 250 Meter der »Höhler« für Besucher zugänglich.

Klappernde Mühlen und ein Vogelpastor

Der Landkreis zwischen Gera und Jena trägt seine Merkmale im Namen: Saale steht für weite Auen und Burgenromantik entlang des Flusstales, das Thüringen nach Norden durchzieht. Und Holzland markiert die waldreiche Region rund um das Autobahnkreuz bei Hermsdorf. Als »Königin des Saaletales« erhebt sich im Saale-Holzland-Kreis bei Kahla majestätisch die Leuchtenburg. Auf dem 400 Meter hohen Lichtenberg ist der spätromanische Bergfried schon von weitem zu erkennen. Das Museum erzählt von der wechselvollen Geschichte der Burg seit dem 13. Jahrhundert. Regelmäßige Freiluftspektakel mit Minne und Reiterspielen geben den Besuchern einen Eindruck davon, wie das Leben auf einer solchen Burg wohl gewesen sein könnte. Doch um Burgen tobten immer auch Kriege. Allein vom Bruderkrieg der Wettiner zwischen 1446 und 1451 waren an der Saale zwischen Kahla und Camburg sieben Burgen und Schlösser betroffen.

Eine der schönsten Ecken im Holzland ist das Mühltal bei Eisenberg. Der Raudenbach soll einst 16 Mahl- und Schneidemühlen angetrieben haben. Mit der zunehmenden Industrialisierung wurde der Erwerbszweig jedoch zusehends unrentabel. Doch immerhin war die Schössermühle noch bis 1953 in Betrieb. Heute sind die Mühlen als Gasthäuser, Pensionen oder Hotels für die zahlreichen Wanderer und Touristen begehrte Ziele zur Einkehr. Während in Eisenberg vor allem die barocke Schlosskirche sehenswert ist, empfiehlt sich am südlichen Ende des lauschigen Mühltals der Kurort Bad Klosterlausnitz. Seitdem etwa um 1920 die heilsame Wirkung der Moorerde aus den Sümpfen in der Umgebung entdeckt wurde, erlebte der Badeort einen ziemlich rasanten Aufschwung.

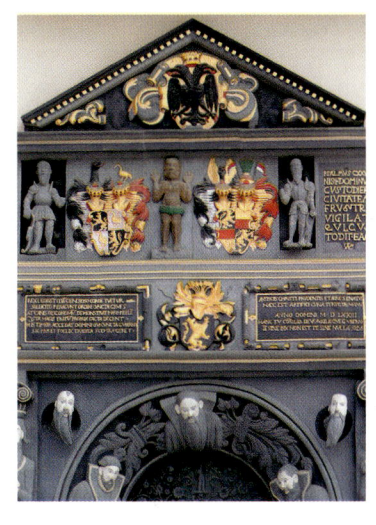

Beim »Höhlerfest« in Gera ist nach einem Rundgang durch die alten Wirtschaftskeller ein guter Tropfen angesagt (oben). – Die Villa Schulenburg entstand nach Entwürfen von Henry van de Velde (Mitte). – Prächtiger Wappenschmuck ziert das Portal des Geraer Rathauses (links). – Auf dem Markt in Gera: Simsonbrunnen und Renaissance-Erker an der Stadtapotheke (linke Seite).

Zu den reizvollen Zielen in der Umgebung gehört die Gegend um Renthendorf, die einst ein Pfarrer berühmt machte. Christian Ludwig Brehm (1787–1864) war ab 1813 in den »Tälerdörfern« an der oberen Roda nicht nur als Seelsorger unterwegs, sondern auch als Vogelkundler. Gemeinsam mit seinem Sohn zog er regelmäßig hinaus und beobachtete von zwei alten Ahornbäumen aus die Welt der Vögel. Den »Vogelpastor« nannten ihn bald die Dorfbewohner, und seine Studien ließen ihn zum Mitbegründer der modernen Ornithologie werden.

Sohn Alfred Edmund setzte die naturwissenschaftlichen Ambitionen des Vaters mit Jagd- und Sammelreisen bis nach Spanien und Afrika fort. Mit »Brehms Thierleben« legte er schließlich 1876 den ersten Band eines bis heute populären Nachschlagewerkes vor.

Reußische Schlösser und Thüringer Fjorde

In der Gegend um Gera entfaltete die reußische Kleinstaaterei bis zum 17. Jahrhundert ihre ganze Herrlichkeit – Burgen, Schlösser und Herrschaftssitze in einer zumeist malerischen Umgebung. In Weida erinnert die mächtige Osterburg an die mittelalterlichen Herren, die als spätere Vögte bis ins bayerische Regnitzland hinein regierten und dem Vogtland seinen Namen gaben. Die 800-jährige Burg mit dem 54 Meter hohen Bergfried war in ihrer wechselvollen Geschichte Herrschaftssitz, Verwaltungszentrum und Gefängnis. Heute erwarten das Heimatmuseum und Galerien für Kunstausstellungen den Besucher. Unten in der Stadt zeugt die Ruine der Wiedenkirche von der Zerstörung Weidas im Dreißigjährigen Krieg (1618–1648).

In Greiz ist reußische Geschichte fast mit den Händen zu greifen. Während im Oberschloss seit dem frühen 14. Jahrhundert die jüngere Linie residierte, wurde nach einer Erbteilung von

Das Stadtbild von Greiz ist von den Bauten der einstigen reußischen Fürsten der älteren Linie geprägt. Dominierend sind das Untere Schloss und die Stadtkirche (oben und links). – Linke Seite: In dem Geraer Stadtteil Untermhaus erinnert das Museum im Otto-Dix-Haus an den hier geborenen Maler, der zu den bedeutenden Künstlern des 20. Jahrhunderts gehört (oben). Brunnen und Fachwerk am Marktplatz von Pößneck (unten).

1564 für die neu gebildete ältere Linie in der Stadt das Untere Schloss gebaut. Dem Stadtbild inmitten waldreicher Höhenzüge hat dies nicht geschadet. Zumal zur »Perle des Thüringer Vogtlands« auch ein 60 Hektar großer Landschaftspark im Tal der Weißen Elster gehört. Das spätbarocke Sommerpalais mit seiner Kupferstichsammlung und dem »Satiricum« ist als Ort der Kunst und Kultur weit über die Stadt hinaus bekannt.

Die Talsperren an der Oberen Saale sind für Urlauber ein wahres Paradies. Nicht nur Camper und Wassersportler kommen hier auf ihre Kosten. Ausgedehnte Wanderwege hoch über den Stauseen bieten atemberaubende Ausblicke auf eine faszinierende Landschaft mit Wäldern und Wiesen, Weiden und Wasser. Im Sommer ziehen auf den Seen Segel- und Motorboote ihre

Von der »Polnischen Bank« bis zum Skat

Altenburg – die Top-Adresse für Kartenspieler

1 Ein Bube oder Wenzel aus dem Spielkartenmuseum in Altenburg. 2 Qualität wird groß geschrieben in der Altenburger Kartenfabrik. 3 Nach sorgfältiger Prüfung werden die Spielkarten geschnitten und verpackt. – 4, 5 Eine Skatolympiade ist eine ernste Angelegenheit. 200 Teilnehmer aus aller Welt spielen in Altenburg um Medaillen, Geldpreise und Pokale. – 6 Das so genannte Hofämterspiel von 1450 im Altenburger Schloss- und Spielkartenmuseum. – 7 Zu den Altenburger Beständen gehört auch ein modernes chinesisches Kartenspiel aus Hongkong. – 8 So ein Blatt gehört zweifellos ins Museum: Grand Ouvert von 1927.

Für leidenschaftliche Kartenspieler ist Altenburg eine erste Adresse. Von hier aus trat der Skat zu Beginn des 19. Jahrhunderts seinen Siegeszug an. Zunächst waren es honorige Leute wie der Verleger Friedrich Arnold Brockhaus, der sächsische Staatsminister Bernhard von Lindenau oder Kanzler Hans Carl Leopold von der Gabelentz, die der neuen Leidenschaft frönten. Kanzler von der Gabelentz führte 30 Jahre eine »Spielkladde«, in der er Gewinne und Verluste beim Spiel auflistete. Ab 1821 geht es darin fast nur noch um den Skat, der 1818 in den »Osterländischen Blättern« erstmals beschrieben worden war.

Das Spielen um Wenzel und Stiche wurde schnell populär. Noch heute werden in Klubs und Kneipen der Stadt regelmäßig die Karten gemischt und gereizt, was das Zeug hält. Für Streitfälle nach zünftigen Runden gibt es in Altenburg seit 1927 das weltweit anerkannte Skatgericht. Doch die Anfänge des Skat liegen im Dunkeln. Am wahrscheinlichsten gilt die Geschichte von einem Kutscher, der von einer seiner Touren ins sächsisch-böhmische Erzgebirge den Schafkopf mitbrachte. Aus diesem Kartenspiel und Elementen von Tarock, Solo oder L'hombre sollen sich zwischen 1810 und 1817 die Anfänge des heutigen Skat entwickelt haben. Damit kam etwas Neues auf die Altenburger Märkte, auf denen Glücksspiele eine ebenso lange Tradition hatten wie deren Verbote.

Für eine weite Verbreitung des Skat über Altenburg hinaus sorgten vor allem Studenten der benachbarten Universitäten in Leipzig, Halle und Jena. Doch weil das Spiel immer häufiger ausartete, traten beherzte Freunde des neuen Zeitvertreibs schließlich für einheitliche Regeln ein. Der Skatkongress 1886 in Altenburg legte erstmals verbindlich fest, was Skat ist – und was nicht. 1903 setzte die Stadt dem Spiel sogar ein Denkmal. Nach Entwürfen des

5

6

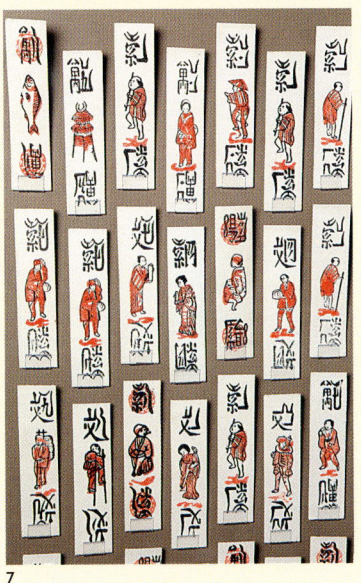

7

8

Münchner Bildhauers Ernst Pfeifer erhielt der Brühl einen Skatbrunnen, auf dessen Sockel die Wenzel der vier Spielfarben temperamentvoll miteinander ringen. Im Zweiten Weltkrieg fielen die Figuren jedoch der Rüstungsindustrie zum Opfer. Die 1955 nachgegossene Figurengruppe wurde nach der Wende umfassend restauriert und 1993 mit einem großen Fest wieder aufgestellt. Seither trifft sich Altenburg alljährlich Anfang Mai zum Skatbrunnenfest mit Kartentaufe, Skatturnier und Bockbieranstich. Unabhängig davon bietet das Museum im Schloss jederzeit einen anschaulichen Überblick über Spielkarten in Vergangenheit und Gegenwart. Die Ausstellung ist aus der Skatheimat genannten Sammlung von 1922/1923 hervorgegangen und zeigt Karten von einstigen höfischen Spielen im späten Mittelalter ebenso wie Kartenspiele aus der Zeit der Französischen Revolution. Weitere sehenswerte Stücke sind Tarockkarten, Kinderspiele und Spielkarten aller Art aus der modernen Großproduktion. Auf diesem Gebiet spricht Altenburg ein gewichtiges Wort mit: Die Spielkartenfabrik gilt in Deutschland als einer der führenden Produzenten. Sie führt damit ein 500-jähriges Handwerk unter modernen Bedingungen weiter. Ein Kartenmacher ist in Altenburg erstmals für 1509 nachgewiesen. Die erste Spielkartenfabrik wurde hier 1832 von den Gebrüdern Bechstein gegründet.

Die Plothener Teiche – ein beliebtes Erholungsgebiet.

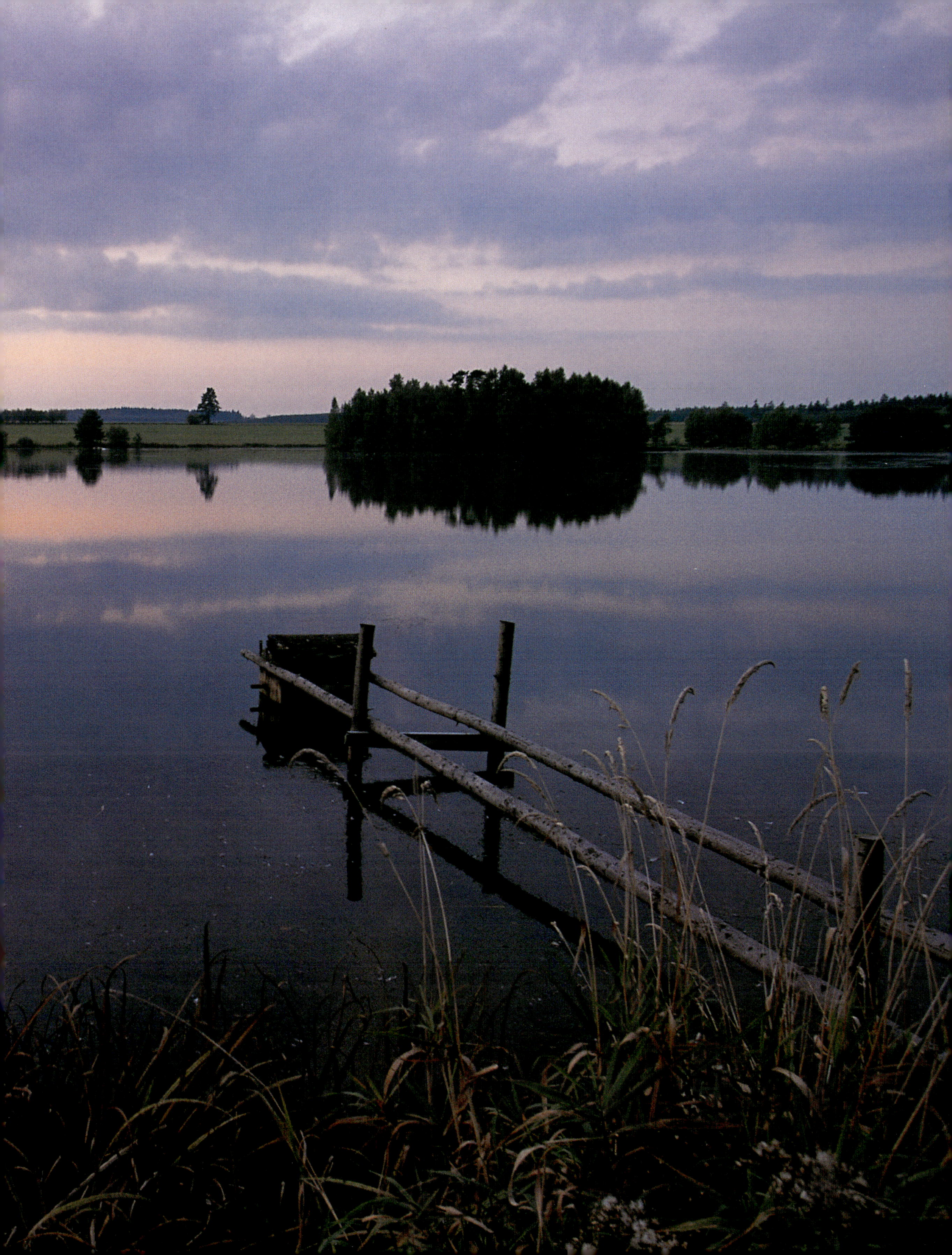

Kreise, während an den Ufern Freibäder einladen. Dabei war das »Saaleknie« zwischen Blankenstein und Saalfeld vor 100 Jahren noch regelmäßig von Hochwasserkatastrophen bedroht – und betroffen. Das änderte sich erst mit den Talsperrenbauten zwischen 1926 und 1943. Entlang der Kaskade entstand ein fjordähnliches Seengebiet, das als Naturpark Thüringer Schiefergebirge und Obere Saale in jedem Jahr Tausende Besucher begeistert.

Flussabwärts zwischen Saalburg und Ziegenrück erhebt sich auf steilen Felsen über der Saale Schloss Burgk, das seit dem

Blaues und weißes Gold

Porzellan und Keramik haben in Thüringen eine lange Tradition. Die erste Töpferinnung gab es 1660 in Bürgel. Charakteristisch für das Bürgeler Steinzeug ist sein blau-weißes Dekor. Die Entwicklung des Handwerks schildert das Keramikmuseum, moderne Trends zeigt alljährlich der Töpfermarkt in Bürgel. Um neue Formen bemühte sich bereits ab 1923 das Weimarer Bauhaus mit einer Werkstatt in Dornburg. Porzellan wurde in Thüringen um 1760, also etwa 50 Jahre nach Meißen erfunden. Die erste Manufaktur von Georg Heinrich Macheleid in Volkstedt lieferte ab 1762 Service für Kaffee, Schokolade und Tee, aber auch Leuchter, Vasen und Figuren. Das Rohmaterial für das damals an den Höfen begehrte »weiße Gold« kam zumeist aus dem Schiefergebirge. Bis zum Ende des 18. Jahrhunderts entstanden in Thüringen zahlreiche weitere Betriebe. Seit 1992 verbindet die Thüringer Porzellanstraße rund 20 alte und neue Manufakturen.

14. Jahrhundert mehrmals umgebaut wurde. Zu seinen Schätzen gehören der Jagdsaal mit einer kunstvoll bemalten Renaissancedecke und die Silbermann-Orgel in der Schlosskapelle. Das Wasserkraftmuseum in Ziegenrück einige Kilometer flussabwärts ist etwas für technisch Interessierte. Wo sich seit 1558 das Wasserrad der Fernmühle drehte, wurde 1900 ein Laufwasserkraftwerk eingerichtet, das 65 Jahre lang seinen Dienst versah. Heute gehört es mit einer funktionstüchtigen Turbine und einer begehbaren Turbinenkammer zu den Highlights des Museums.

Alte Schlösser und neue Klänge

Das majestätische Schloss hoch über Rudolstadt hätte durchaus die Landeskrone Thüringens werden können. Aus mehrfachen Umbauten eines Renaissanceschlosses hervorgegangen, prägt die Heidecksburg seit 1744 die Silhouette der einstigen Residenz. Doch in der Wahrnehmung als Thüringer Symbol war das Schloss mit seiner weithin sichtbaren Turmhaube gegenüber dem markanten Bild von der Wartburg letztlich unterlegen.

Die Heidecksburg steht für die Schwarzburger und ihre lange Geschichte. Ein Rundgang durch das Museum präsentiert die Innenausstattung als eindrucksvolles Gesamtkunstwerk des Rokoko. Die Wände und Decken der Salons und Säle mit ihren allegorischen Malereien zeigen, wie sich selbst die kleinen Höfe in kunstvoller Umgebung gefielen. Die »großen vier« aus Weimar – Johann Wolfgang von Goethe, Friedrich von Schiller, Johann Gottfried von Herder und Christoph Martin Wieland – waren hier

Hoch über der Saale erhebt sich Schloss Burgk (großes Bild). Zu seinen Kostbarkeiten gehört die Silbermann-Orgel von 1743 (linke Seite). – Oberhalb von Ranis thront die Renaissanceburg aus dem 13. Jahrhundert (ganz oben). Sehenswert: die Schlosskirche von Eisenberg (oben).

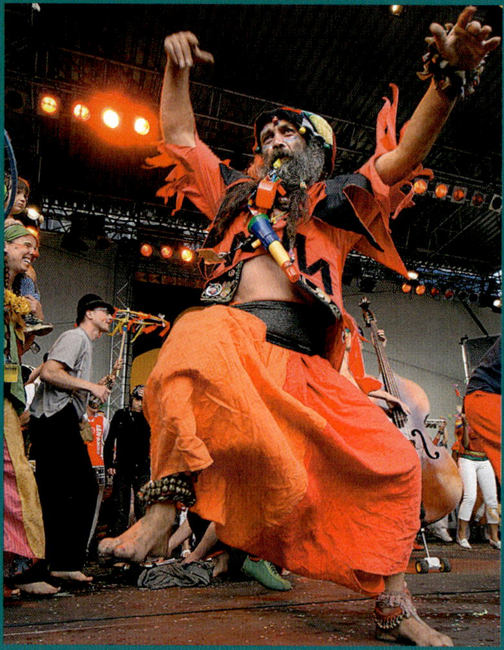
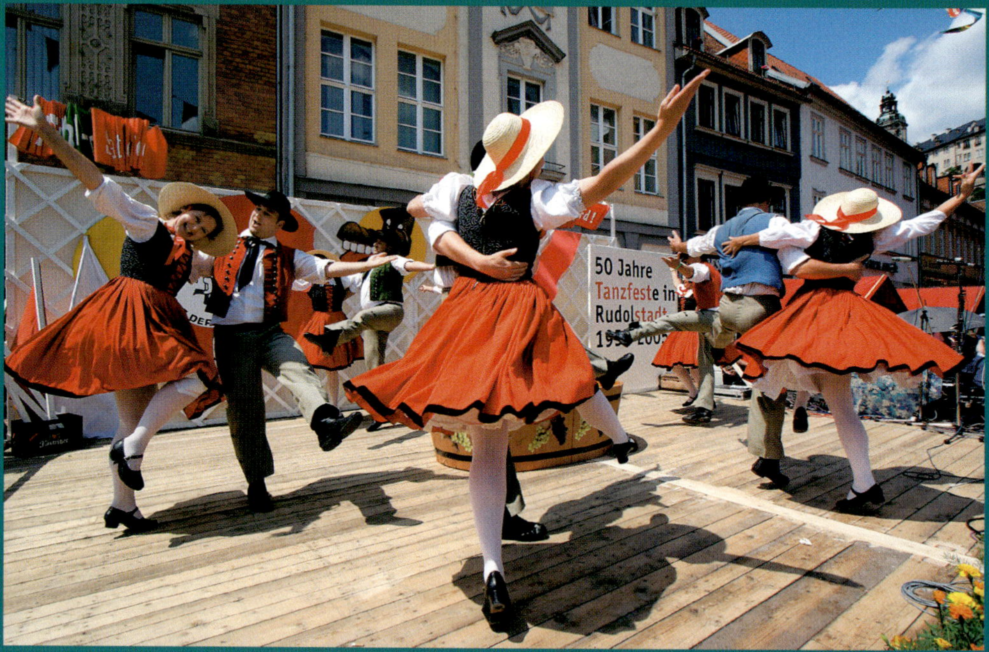
50 Jahre
Tanzfeste in
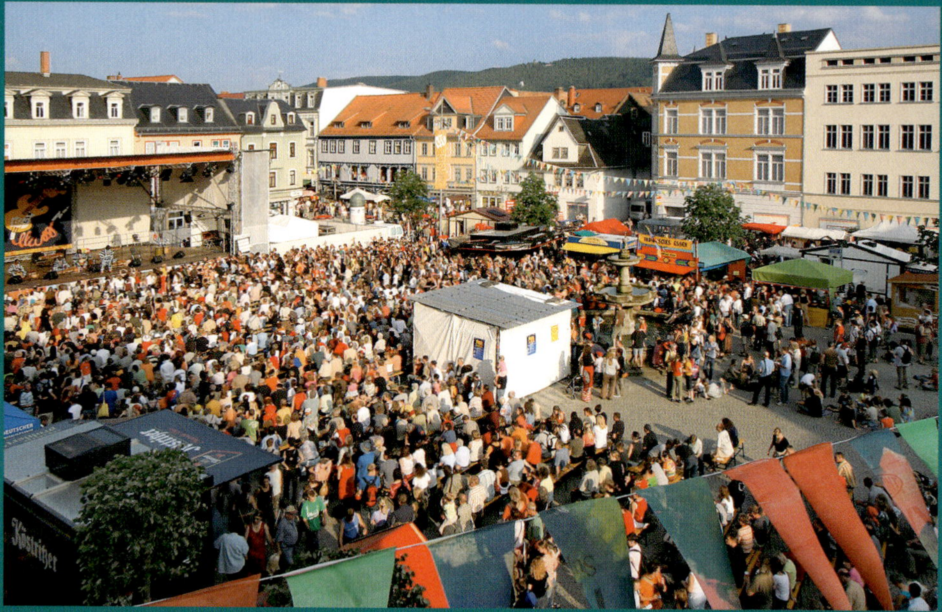
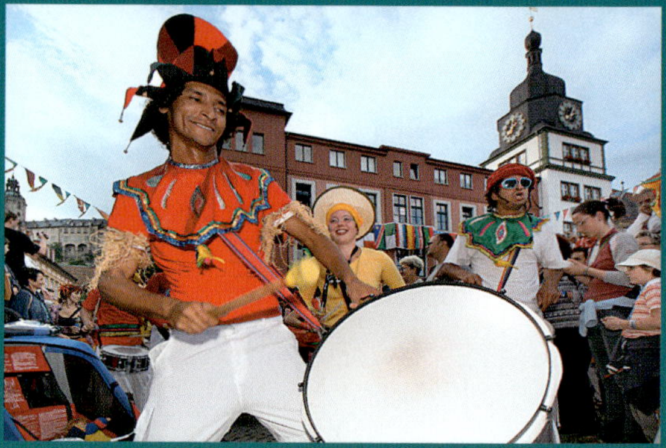
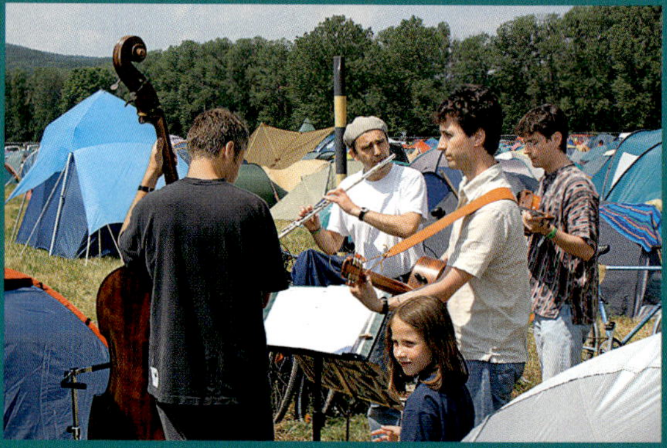
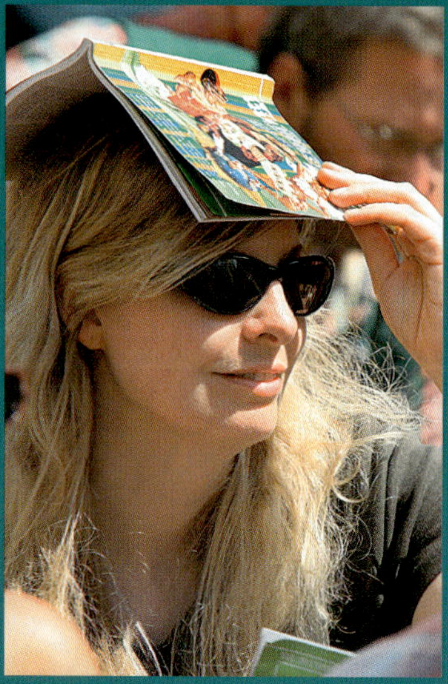
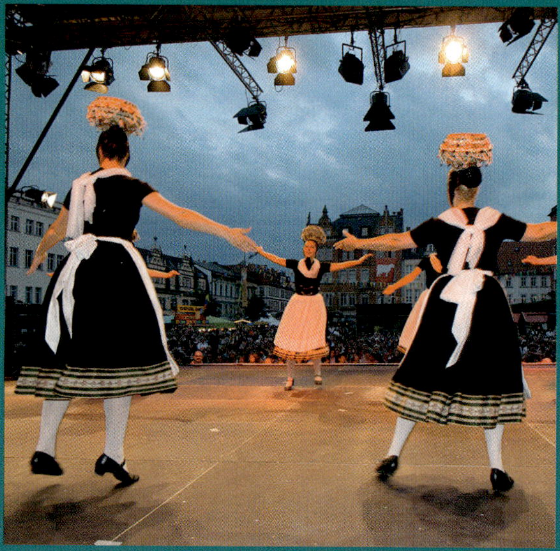
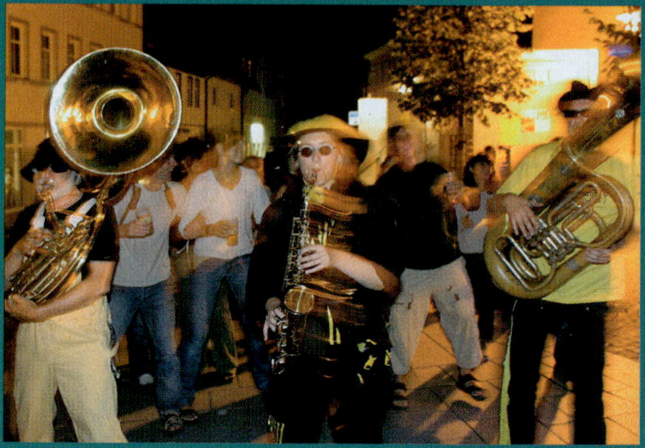

oft und gern gesehene Gäste. Goethes »Weimarische Schauspieler-Gesellschaft« kam von 1793 bis 1804 jedes Jahr zu Gastspielen in das neue Sommertheater unten in der Stadt. Die Weimarer nannten es respektlos »Bretterbude«, während die Rudolstädter immerhin gehobener von der »Kunstscheune« sprachen. Schiller verdankt der Stadt die entscheidende Begegnung mit Charlotte von Lengsfeld und das erste Treffen mit Dichterfürst Goethe.

Das Stammschloss der Schwarzburger wenige Kilometer entfernt auf einem Bergsporn im Schwarzatal ist seit 1943 Ruine. Damals verwarfen die Nationalsozialisten ihre Pläne, das Schloss zu einem »Reichsgästehaus« umzubauen. Die enormen Schäden, die seit 1940 angerichtet wurden, sind nicht zu übersehen. Ob sie trotz bisheriger Notsicherungen jemals kompensiert werden können, ist fraglich. Einziges restauriertes Zeugnis des Adelssitzes ist der einst mit dem Schloss verbundene Kaisersaal.

Rudolstadt wandte sich im Schatten seiner höfischen Geschichte in den vergangenen Jahren neuen Ufern zu und wurde ein wahres Mekka der Folk- und Weltmusik. Zehntausende bevölkern die Straßen und Plätze, wenn Anfang Juli Bands und Musiker aus aller Welt zu einem dreitägigen Fest zusammenkommen. Hinter dem Kürzel TFF verbirgt sich der etwas biedere Name »Tanz&FolkFest«. Dazu zieht es regelmäßig um die 1000 Akteure aus allen Ecken der Welt in die thüringische Residenz. Deren knapp 30 000 Einwohner müssen jeweils an den drei Tagen im Juli etwa 60 000 Gäste verkraften. Sie tun dies mittlerweile mit gewachsener Gelassenheit gegenüber großen Namen wie Hubert von Goisern, Country Joe McDonald oder Musikern, die auch schon mal von so fernen Orten wie den Osterinseln kamen.

Prinzenraub und »Simple Storys«

Die Region um Altenburg kam erst 1990 wieder zu Thüringen. Und dies, obwohl sich die Altenburger nach fast 40 Jahren im Bezirk Leipzig mehrheitlich für einen Verbleib in Sachsen ausgesprochen hatten. Mit der Rückkehr nach Thüringen geriet die einstige Residenz vom Regen in die Traufe – von der südlichsten Ecke des sächsischen Bezirkes in den östlichsten thüringischen Landeszipfel. Der häufig beklagten Abgeschiedenheit ist der frühere Dramaturg des Altenburger Theaters zumindest literarisch entgegengetreten. Schon mit seinem Provinzroman »Simple Storys« von 1998 gelang Ingo Schulze (geboren 1962) ein märchenhafter Erfolg. Mit dem Briefroman »Neue Leben« legte er 2005 nach, indem er von seiner Stadt erzählte und wie es damals war, als der Westen über den Osten kam und alles änderte.

Impressionen vom alljährlichen »Tanz&FolkFest« auf den Straßen und Plätzen von Rudolstadt (linke Seite). – Stolz erhebt sich die mächtige Heidecksburg mit ihrem auffallenden Barockturm über der Stadt. Im Vordergrund der Markt mit dem schönen Rathaus (unten).

Die Auswirkungen von Schulzes Büchern auf den Tourismus im Altenburger Land indes waren gering. Seit Sommer 2005 soll nun ein alljährliches Open-Air-Spektakel neugierig machen – der Prinzenraub zu Altenburg. Die Entführung der Prinzen Ernst und Albrecht aus dem Schloss ist eine der populärsten Geschichten vom sächsisch-kurfürstlichen Hof des 15. Jahrhunderts. Sie beginnt mit Kurfürst Friedrich II. und Herzog Wilhelm III., die damals gemeinsam über Sachsen und Thüringen herrschten. Weil der junge Herzog aber auf einem eigenen Herrschaftsbereich bestand, wurde das Land zwischen den Brüdern geteilt. Was folgte, war ab 1446 der erbitterte Sächsische Bruderkrieg. Zu den Verlierern gehörte Ritter Kunz von Kaufungen, der nach den Kämpfen auf Friedrichs Seite seine Besitzungen verlor und in Gefangenschaft geriet. Weil sein Bitten um Entschädigung bei diesem auf taube Ohren traf, nahm er in der Nacht zum 8. Juli 1455 die Prinzen als Geiseln. Ob sich der Kurfürst auf die Erpressung einlässt? Die Antwort gibt das Spiel im Schlosshof. Etwas abseits der einstigen Residenz ermöglicht das Lindenau-Museum Begegnungen mit vielfältiger Kunst von der Antike bis zur Gegenwart. Eine Überraschung sind die 180 Tafelbilder mit Malerei des 13. bis 15. Jahrhunderts vor allem aus Siena und Florenz. Das Museum verdankt diese Kollektion der Sammelleidenschaft seines Begründers Bernhard August von Lindenau (1779–1854).

Die majestätische Heideckburg in Rudolstadt mit ihrem imposanten Innenhof (rechts). – Der prächtige Rokokosaal (ganz oben) und der Grüne Saal (oben) sind ein herrliches Zeugnis des erlesenen Geschmacks der Schwarzburger.

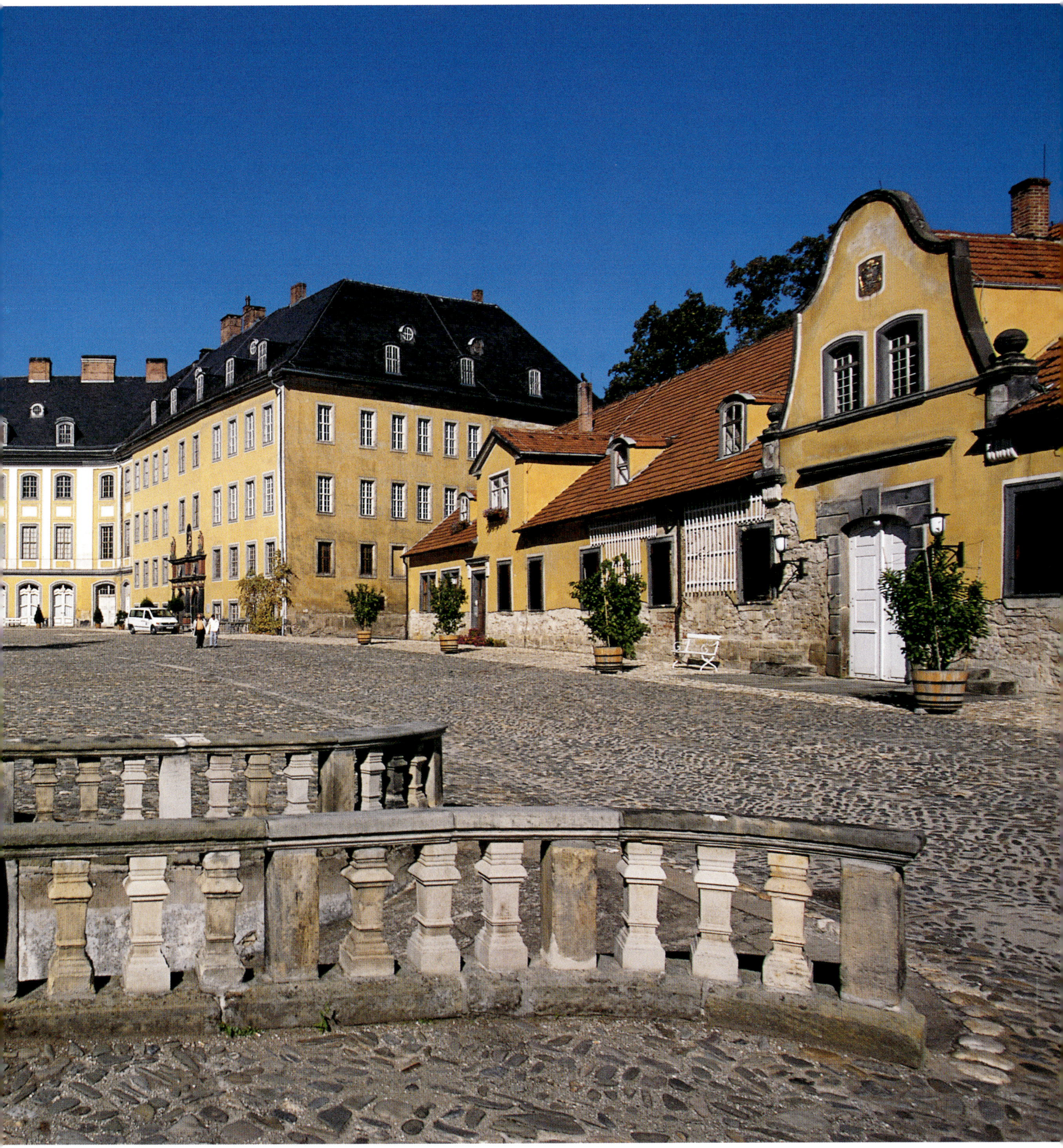

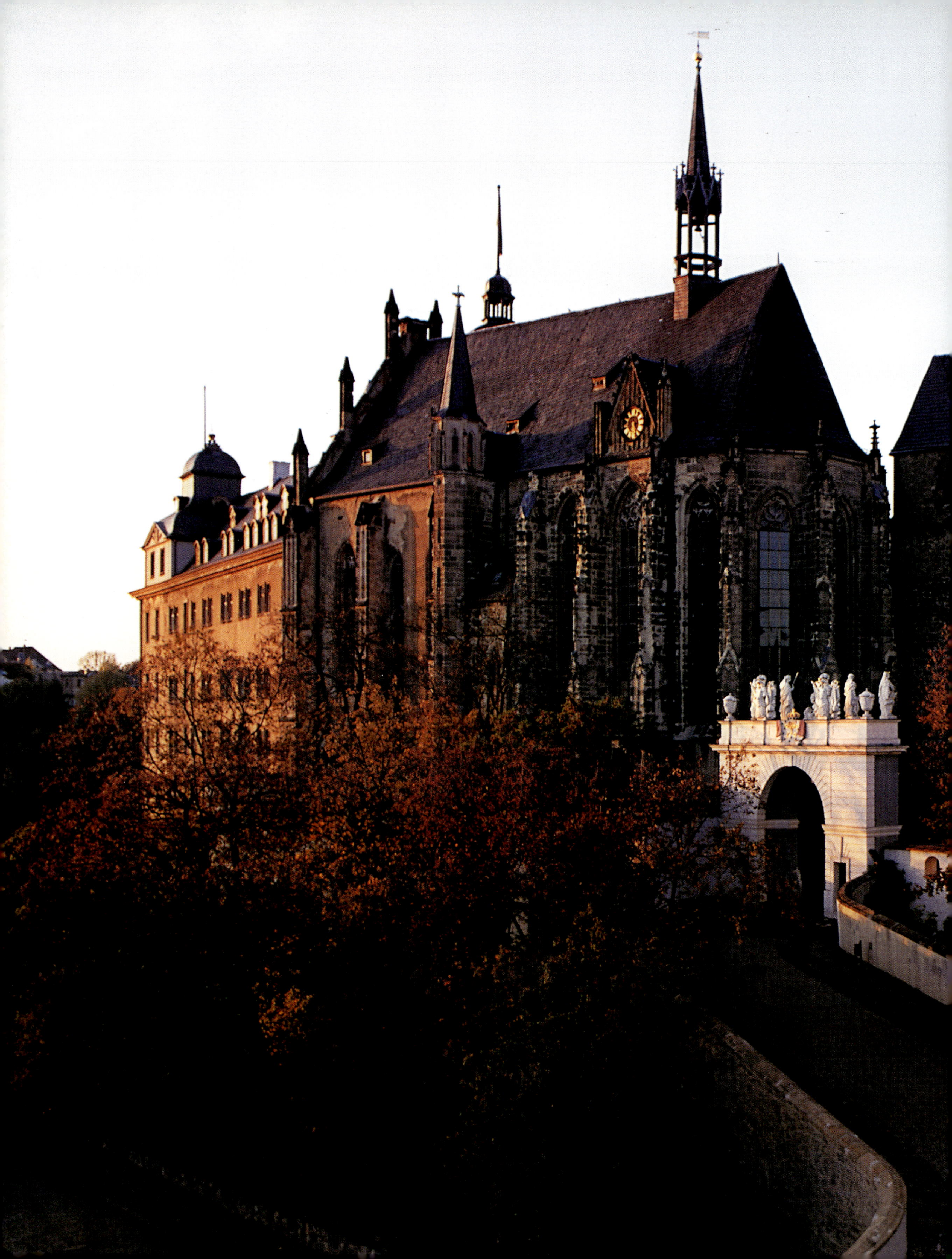

Majestätisch – die **Schlosskirche von Altenburg.**

Land der Burgen und Schlösser

Eine Herausforderung für die Denkmalpflege

1 In der Wasserburg Heldrungen wurde einst Thomas Müntzer gefangen gehalten. – 2 Von der Raubritterburg Hanstein im Eichsfeld ist nur eine imposante Ruine geblieben. – 3 Schloss Oppurg wurde in den vergangenen Jahren zur internationalen Begegnungsstätte.

Was wäre Thüringen ohne seine Burgen und Schlösser! Kaum anderswo in Deutschland lassen sich auf so engem Raum so viele Zeugnisse der Vergangenheit entdecken. Weil das politische Gewicht der thüringischen Fürstenhäuser in Deutschland und Europa seit dem späten Mittelalter vergleichsweise gering war, entwickelten sie ihren Ehrgeiz auf anderen Gebieten. Sie bauten sich repräsentative Residenzen und machten sie zu geistig-kulturellen Zentren. Mit Kunstsammlungen und Kuriositätenkabinetten, mit Hofkapellen und Bibliotheken oder als Mäzene für die Wissenschaften, Kunst und Kultur legten sie den Grundstock für die heutige Vielfalt. Mitunter gab es nebeneinander bis zu 20 Residenzen – als Folge immer neuer Erbteilungen. So brauchte das Land ständig weitere Schlösser und Adelssitze. Allein der von 1728 bis 1748 regierende Weimarer Herzog Ernst August I. plante 23 neue Jagd- oder Lustschlösser. In solche Vorhaben wurden ältere Bauwerke gelegentlich einbezogen oder aber sie wurden zuvor abgerissen. In jüngster Zeit haben Statistiker in Thüringen 270 Burgen, Residenzen und Schlösser sowie 330 kleinere Edelhöfe und Adelssitze gezählt. Manche davon sind regelmäßig Kulisse für Mittelalterspektakel oder Konzerte.

Die Burgruine Brandenburg bei Lauchröden markiert über der Werra westlich von Eisenach den Beginn der »Via regia« auf Thüringer Gebiet. Entlang der mittelalterlichen Lebensader in ihrer modernen Form von Autobahn und ICE-Strecke folgen mit der Wartburg und den Drei Gleichen bei Arnstadt weitere markante Beispiele jener frühen Zeit. Mit der Ordensburg Kühndorf bei Meiningen ist die einzige im deutschen Sprachraum erhaltene Johanniterburg wieder zugänglich. In der Runneburg Weißensee zeigt der funktionstüchtige Nachbau einer Steinschleuder aus dem 13. Jahrhundert, wie sich einst die Burgherren gegen Eindringlinge zur Wehr setzten. Die Ruine der Raubritterburg Hanstein im Eichsfeld bietet nach Jahrzehnten der Abschottung durch die innerdeutsche Grenze wieder imposante Fernsichten ins Hessische und bisweilen auch bis zum Brocken. Unter den großen Residenzen gilt die 1585 begonnene Wilhelmsburg

102

*4 Die Bertholdsburg Schleusingen erinnert an die Herrschaft der Henneberger in Südthüringen.
5 Die Johanniterburg Kühndorf überragt deutlich die Dächer des Dorfes bei Meiningen. – 6 Ein barockes Prunkzimmer in Schloss Burgk an der Saale.*

in Schmalkalden als eines der eindrucksvollsten Renaissanceschlösser in ganz Deutschland. Von barocker Pracht lebt das zwischen 1643 und 1654 errichtete Schloss Friedenstein in Gotha. Dagegen stehen die Heidecksburg in Rudolstadt, das Lustschloss Belvedere bei Weimar und das mittlere der Schlösser in Dornburg bei Jena für den Zeitgeist des Rokoko im 18. Jahrhundert. Das Stadtschloss von Weimar repräsentiert seit dem Wiederaufbau nach dem Brand von 1774 den Klassizismus. Die wiederaufgebaute Veste Heldburg, an der Grenze zu Bayern für Jahrzehnte unerreichbar, ist als Deutsches Burgenmuseum im Gespräch. Ab 2011 soll in einer Ausstellung die Entwicklung von Burgen zu Verwaltungszentren und zu Mittelpunkten des gesellschaftlichen Lebens gezeigt werden. Eindrucksvolle Beispiele dafür sind in Thüringen die Schlossanlagen in Altenburg, Burgk, Meiningen, in Schleusingen, Sondershausen oder Greiz.

Daneben lohnen durchaus auch die kleineren Adelssitze einen Besuch. Das Friederiken-Schlösschen in Bad Langensalza, das Wieland-Gut in Oßmannstedt, die Herrensitze in Frauensee und in Wasungen oder die Schlösser Behringen, Hue de Grais, Kalbsrieth und Oppurg stehen exemplarisch für die verdienstvollen Bemühungen der vergangenen Jahre, diese historischen Bauten dem Vergessen und dem fortschreitenden Verfall zu entreißen.

Der Mittelpunkt Deutschlands

In Nordthüringen siedelten schon die alten Germanen

Als Deutschland wieder eins wurde, drängte abseits der großen Politik eine andere wichtige Frage auf die Tagesordnung: Wo eigentlich hat das neu entstehende Land seine Mitte? Schon ein flüchtiger Blick auf die Landkarte zeigt, dass dieser Mittelpunkt irgendwo in Thüringen liegen muss. Linien vom nördlichsten zum südlichsten und vom westlichsten zum östlichsten Punkt kreuzen sich irgendwo bei Mühlhausen. Die exakten Angaben dazu berechnete der Ingenieur Heinz Finger aus Dresden. Wenige Tage nach der Wiedervereinigung legte er im Oktober 1990 die genauen Koordinaten mit Breiten- und Längengrad vor. Danach ist die Mitte Deutschlands in der Gemeinde Niederdorla auf 51 Grad 10 Minuten nördlicher Breite und 10 Grad 27 Minuten östlich von Greenwich. An dem Ort wurde 1991 eine Kaiserlinde gepflanzt – und mit dem jährlichen »Mittelpunktsfest« eine neue Tradition eingeläutet. Den Weg dorthin zeigt am Ortseingang ein großes Hinweisschild.

Dabei erheben allein in Thüringen drei weitere Stellen den Anspruch, Mittelpunkt der gesamten Republik zu sein. So ermittelte 1991 ein Student aus Bonn den Ortsteil Flinsberg in Heiligenstadt als den deutschen Dreh- und Angelpunkt. Auch hier ist der Ort mit Baum und Gedenkstein markiert. Weitere Mitbewerber sind seit 1996 Silberhausen bei Dingelstädt und seit 1997 die Ortschaft Landstreit bei Eisenach, für die jedoch stellvertretend die nur zehn Kilometer entfernte Wartburg gekürt wurde. Der Streit um den »wahren Mittelpunkt« wird wohl weiter offen bleiben. Doch Niederdorla war immerhin der erste Ort, dem diese Ehre zuteil wurde.

Symbol des Selbstbewusstseins einer Stadt: der Roland von Nordhausen (ganz oben). – Trachtenfest in Dingelstädt mit dem Eichsfelder Heimatverein (Mitte und oben). Quellfeier am Popperöder Brunnenhaus in Mühlhausen (rechte Seite).

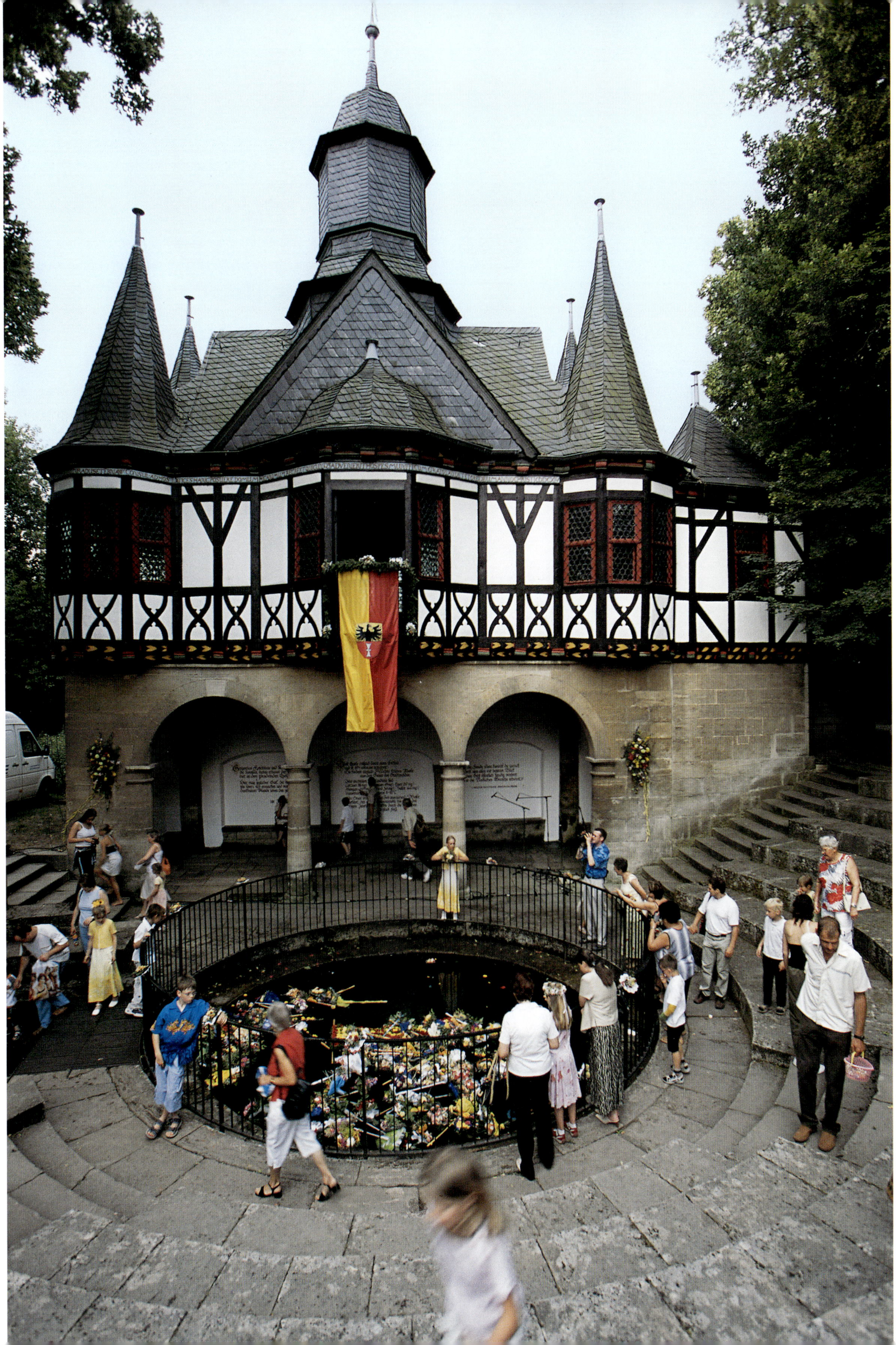

Stolze Städte mit reicher Geschichte

Die nur wenige Kilometer entfernte alte und freie Reichsstadt Mühlhausen erinnert die Besucher mit zahlreichen imposanten Bauten an ihre lange Geschichte. Die fast 50 Hektar große Altstadt innerhalb der drei Kilometer langen Stadtmauer hat den Zweiten Weltkrieg nahezu unbeschadet überstanden, und der zunehmende Verfall in der DDR konnte seit 1991 durch Sanierung und Neubau aufgehalten werden. Heute präsentiert sich die Stadt mit ihren zahlreichen Kirchen, den renovierten Bürgerhäusern und den erneuerten Straßenzügen als äußerst einladendes historisches Kleinod.

Besuchergruppe in der Traditionsbrennerei für Nordhäuser Korn (ganz oben). – Gemütlicher Ausritt bei Sondershausen (oben). Wassersportler auf der Werra bei Creuzburg (rechts).

Ganz in der Nähe verweist eine germanische Kultstätte darauf, dass die Region schon in grauer Vorzeit besiedelt war. Das zwischen 1957 und 1967 systematisch erforschte Opfermoor bei Oberdorla gilt als der bedeutendste Kultplatz Mitteleuropas außerhalb der einstigen germanischen Zentren in Norddeutschland und Skandinavien. Anhand der gefundenen Gegenstände wie Zeremonialstäbe, Fackeln und Opfergeräte wurden über 80 Heiligtümer untersucht. Bis zur Zeit des Thüringer Königreichs im 6. Jahrhundert n. Chr. wurde dort ein germanischer Fruchtbarkeits- und Agrarkult praktiziert, bei dem auf den Altären neben Tieren vereinzelt auch Menschen geopfert worden sein sollen. Einen lebendigen Eindruck von den germanischen Vorfahren vermitteln ein Museum und die nachgebaute Siedlung auf dem Freigelände. Zudem ist das Opfermoor regelmäßiger Treffpunkt für neuzeitliche Hobby-Germanen.

Seit dem Mittelalter bis weit ins 19. Jahrhundert galt Mühlhausen nach Erfurt als die größte und bedeutendste Stadt Thüringens. Der wiederholte Aufenthalt von Kaisern und Königen bescherte dem Pfalzort nicht nur den wirtschaftlichen Aufschwung. Schon frühzeitig wurde Mühlhausen zu einer freien Reichsstadt mit zahlreichen Rechten und Privilegien. Um 1200 entstand mit dem »Mühlhäuser Rechtsbuch« das älteste Stadtrechtsbuch. Im gleichen Jahrhundert gab sich die Stadt mit dem Rat eine unabhängige Selbstverwaltung. Mit etwas Fantasie ist noch immer gut vorstellbar, wie im Mittelalter die 59 Türme der Kirchen und der Stadtmauer das Bild der Stadt bestimmten. Von den einst 14 gotischen Kirchen sind noch elf erhalten, darunter die Divi-Blasii-Kirche, deren berühmtester Organist Johann Sebastian Bach war. Sechs der Gotteshäuser werden jedoch teilweise schon seit Jahrzehnten nicht mehr von Kirchengemeinden genutzt. Die Marienkirche und die Kornmarktkirche sind Gedenkstätten für den Bauernkrieg (1524/1525) und dessen Anführer Thomas Müntzer. Die Antoniuskapelle ist Teil eines Jugendzentrums, während die Allerheiligenkirche seit 1989 eine Museumsgalerie beherbergt. In die seit 1937 geschlossene Jakobikirche ist nach mehrjährigem Umbau 2004 die Stadtbibliothek mit ihren rund 80000 Titeln eingezogen. Die Kilianikirche schließlich ist Domizil der »Theaterwerkstatt 3K«, die mit ihren Inszenierungen seit 1991 das Kulturleben der Stadt bereichert.

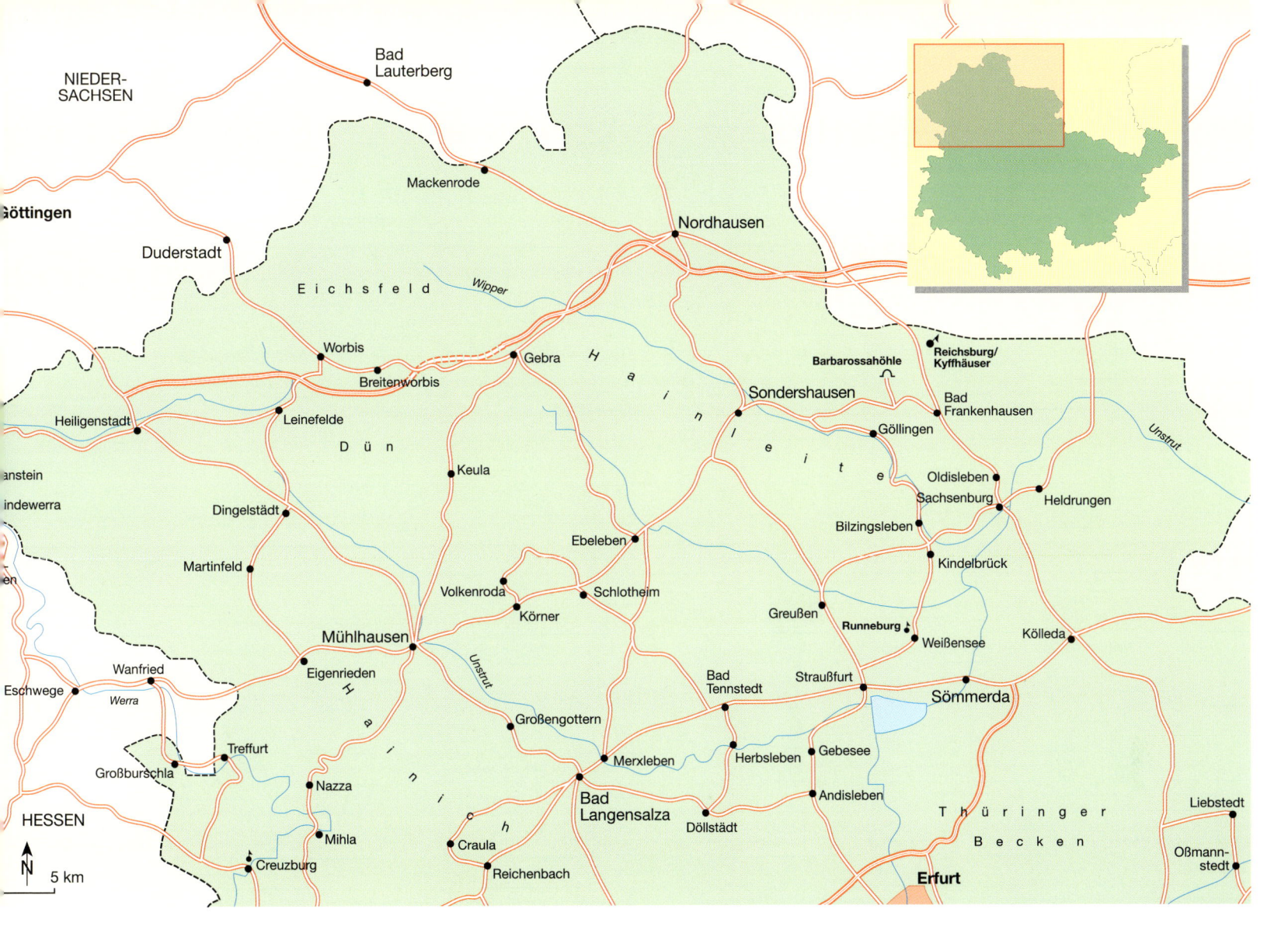

Ähnlich wie in Mühlhausen begann auch in Nordhausen die Stadtgeschichte im 10. Jahrhundert als Pfalz. Die freie Reichsstadt am Schnittpunkt alter Verkehrswege im Südharz gehörte zusammen mit Erfurt im frühen 14. Jahrhundert zum Thüringer Städtebund. Als Zeichen ihres Selbstbewusstseins stellten die Nordhäuser damals eine Roland-Statue an ihr Rathaus. Bis heute symbolisiert die 3,20 Meter hohe Figur aus bemaltem Eichenholz die historisch verbrieften Rechte und Freiheiten der Stadtbevölkerung.

Mit Bürgermeister Michael Mayenburg saß im 16. Jahrhundert im Nordhäuser Rathaus ein wichtiger Förderer der Reformation. Die Petrikirche erlebte 1522 die erste evangelische Predigt in Thüringen überhaupt, was Luther später ausdrücklich wür-

Nicht nur für Kinder aus der Großstadt immer wieder ein ganz besonderes Erlebnis: Lokomotiven unter Dampf. Die Schmalspurbahn fährt von Nordhausen aus direkt auf den Brocken beziehungsweise nach Wernigerode und Quedlinburg im Harz.

In der Marienkirche von Mühlhausen predigte einst Thomas Müntzer (oben). – Das Denkmal in der Stadt erinnert an den Theologen und Bauernführer, der 1525 nach der Schlacht bei Frankenhausen hingerichtet wurde (rechts).

digte: »Ich weiß keine Stadt am Harze oder sonst dergleichen, die dem Evangelio so bald unterworfen als Nordhausen. Das wird sie vor Gott und der Welt vor anderen in jenem Leben Ehre haben.« Doch von der Petrikirche steht heute nur noch der Turm. Zusammen mit drei Vierteln der Altstadt fiel die Kirche im April 1945 den Fliegerbomben des Zweiten Weltkriegs zum Opfer. Von den schmerzlichen Wunden in seinem Stadtbild hat sich Nordhausen nur langsam erholt.

Die Rotunde auf dem Berg

Tiefe Wunden ganz anderer Art wurden vor knapp 500 Jahren wenige Kilometer südöstlich geschlagen. Am Südhang des Kyffhäuser-Gebirges fand der Bauernkrieg von 1524/1525 sein blutiges Ende. Den Ereignissen von damals ist hoch über Bad Fran-

Das gotische Portal mit der Kreuzigungsgruppe und der Madonnenfigur ziert die Marienkirche von Mühlhausen (links). Am Steinweg in Mühlhausen ist die über Jahrhunderte erhaltene kleinteilige Altstadt gut zu erkennen (unten).

kenhausen ein beispielloses Denkmal gewidmet, klobig von außen und voller Überraschungen im Inneren. Denn die riesige schmucklose Rotunde auf dem Schlachtberg oberhalb der beschaulichen Kurstadt birgt das wohl spektakulärste Auftragswerk der jüngeren Kunstgeschichte – das einzigartige Bauernkriegspanorama des Malers Werner Tübke, das in den Jahren 1976 bis 1987 entstanden ist.

Im Mai 1525 standen sich bei Frankenhausen die aufständischen Bauern und die fürstlichen Truppen zur letzten Schlacht gegenüber. Sie endete mit einem Massaker an über 5000 Aufständischen, die von dem vereinigten Fürstenheer nahezu wehrlos überrannt wurden. Damit fand eine Entwicklung ihr blutiges Ende, für die wichtige Impulse nicht zuletzt von Luthers Reformation ausgegangen waren. Neben den Erhebungen in Süddeutschland kam es in Thüringen schon ab 1521 zu Aufruhr gegen die geistliche und weltliche Macht. In den Erfurter »Pfaffenstürmen« gingen Bürger und Bauern, Studenten und selbst Adlige auf die Häuser der Geistlichkeit los. In Eisenach predigte Jakob Strauß (um 1480–1532) gegen den Wucher der kirchlichen Institutionen. Luthers einstiger Mitstreiter Andreas Bodenstein (um 1477–1541) verband in Orlamünde den reformatorischen Geist über Theologie und Kirche hinaus mit sozialkritischen Ideen.

Am radikalsten schließlich war Thomas Müntzer (1489–1525) in Mühlhausen, dessen Verknüpfung von Reformation und Revolte letztlich auf einen Gottesstaat zielte. Verbunden waren die Aufstände mit Plünderungen und Verwüstungen ganzer Landstriche, wobei vor allem Klöster bevorzugt angegriffen wurden. Nach der Niederlage bei Frankenhausen wurde Müntzer zunächst auf der nahen Wasserburg Heldrungen inhaftiert und später mit 50 weiteren Führern des Aufstands bei Mühlhausen hingerichtet.

109

Romantische Abendstimmung am Schloss von Sondershausen (unten). – Zu den restaurierten Festräumen der einstigen Residenz gehört der Blaue Saal (großes Bild und ganz rechts). Der Rabenturm an der inneren Stadtmauer von Mühlhausen (ganz unten).

Doch das monumentale Gemälde in Frankenhausen sollte nicht nur die Niederlage im Bauernkrieg illustrieren. Den staatlichen Auftraggebern in der DDR ging es vielmehr um ein großes künstlerisches Epos zur »frühbürgerlichen Revolution«, wie die Zeitenwende des 16. Jahrhunderts damals genannt wurde. In historischem Gewand sollte das Panorama das Selbstverständnis des ostdeutschen Staates illustrieren, der sich als Vollender alles Revolutionären in der deutschen Geschichte sah. Als jedoch die Rotunde im Herbst 1989 eingeweiht wurde, war es mit dem staatlichen Selbstbewusstsein der DDR nicht mehr weit her. Gleichwohl ließ sich der damalige Staat das ehrgeizige Vorhaben in der Provinz einiges kosten. Schon 1974 wurde für den Betonbau der Rotunde der Grundstein gelegt. Ab 1983 stand dem Künstler Werner Tübke in unmittelbarer Nähe ein Atelierhaus zur Verfügung. Die 123 Meter lange und 14 Meter hohe Leinwand mit dem Gewicht von über einer Tonne fertigte eine russische Weberei. Für die Grundierung der Leinwand wurden Spezialisten aus Podolsk eingeflogen, die den Malgrund nach geheimen Rezepten alter russischer Ikonenmalerei präparierten. Darüber hinaus lieferten Partner in der damaligen Sowjetunion zwei Tonnen feinster Künstlerölfarben und die dazugehörigen Pinsel.

Parallel zu den notwendigen praktischen Vorbereitungen gab es langwierige Diskussionen zwischen Künstler und Auftrag-

Das kleinste Mittelgebirge

Der Kyffhäuser ist nicht nur Ort der Barbarossa-Sage, sondern auch das kleinste Mittelgebirge Deutschlands. Gerade mal 60 Quadratkilometer groß, erhebt sich der Höhenzug zwischen Thüringer Becken und Harzvorland bis auf etwa 300 Meter. Einst war das Gebirge von der mächtigen Reichsburg Kyffhausen gekrönt, an die heute nur noch Ruinen erinnern. Aus Richtung Bad Frankenhausen führt ein sanfter Anstieg zum 473 Meter hohen Kulpenberg, der höchsten Erhebung des Kyffhäuser. In Richtung Norden fällt dieser dann steil ab. Zu Füßen des monumentalen Kaiserdenkmals (1890 bis 1896 erbaut) und der Burgruinen laden dichte Wälder zu ausgedehnten Wanderungen ein. Neben einer artenreichen Tier- und Pflanzenwelt gibt es in dem Karstgestein rund 40 Höhlen zu entdecken. Auch hier ist der sagenhafte Stauferkaiser allgegenwärtig: Die größte und bekannteste Höhle ist die Barbarossa-Höhle bei Rottleben am südwestlichen Ausläufer des Gebirges.

Standhaft im Glauben

Das Eichsfeld behauptet seine katholische Identität

Pilger auf dem Weg zum Hülfensberg an einer Kreuzwegstation (rechts). – Trachten gehören zum Eichsfeld wie der Glauben (unten). Die Klausmühle in Heiligenstadt gilt als Geburtshaus Tilman Riemenschneiders (Mitte).

Wenn am Straßenrand immer häufiger Kruzifixe und Bildstöcke stehen, ist Heiligenstadt nicht mehr weit. Die über 1000-jährige Kreisstadt ist Zentrum des Landkreises Eichsfeld, das sich über Jahrhunderte seine besondere Prägung als katholische Region bewahrt hat. Selbst in der DDR scheiterten alle Versuche, die Bindung der Menschen an Glauben und Tradition durch neue Großbetriebe und auswärtige Arbeitskräfte aufzubrechen. Dieses Scheitern ist bis 1989 besonders bei kirchlichen Gedenktagen wie Allerheiligen und Allerseelen, zu den Feiertagen und Wallfahrten immer wieder zum Ausdruck gekommen.

Die Wallfahrtsstätten in idyllischer Landschaft sind alljährlich zwischen Frühjahr und Herbst ein Anziehungspunkt für Jung und Alt. Einige der Kirchen und Kapellen sind jedoch außerhalb der Wallfahrten geschlossen. Höhepunkt des religiösen Lebens ist zweifellos die Leidensprozession durch Heiligenstadt am Sonntag vor Ostern. Den für ganz Deutschland einzigartigen Brauch gab es wahrscheinlich schon im frühen Mittelalter. Neu belebt wurde er im Zuge der Gegenreformation im 16. Jahrhundert. Seither werden bei der Palmsonntagsprozession lebensgroße Darstellungen zur Leidensgeschichte Christi durch den Ort getragen. Entlang der seit Generationen unveränderten Route zieht die Bildfolge immer wieder Tausende in ihren Bann.

Der bekannteste und wohl älteste Wallfahrtsort, der Hülfensberg bei Geismar, gilt als »Altötting des Eichsfelds«. Bei den Mönchen des Franziskanerklosters können auch Nichtbrüder eine Auszeit nehmen. Das auf dem Hülfensberg stehende Konrad-Martin-Kreuz ist dem in der Nähe geborenen Paderborner Bekennerbischof des 19. Jahrhunderts gewidmet. Den Eichsfeldern ist es ein Zeichen der Glaubenstreue und der Heimatverbundenheit.

Eine Besonderheit mit langer Tradition ist die Pferdewallfahrt zum Fest Mariä Heimsuchung nach Etzelsbach. Dagegen gibt es den Südeichsfelder Krippenweg durch zehn Gemeinden zur Weihnachtszeit erst seit 1990. Prachtstück ist eine geschnitzte Krippe, die den gesamten Altarraum der Kirche von Küllstedt ausfüllt.

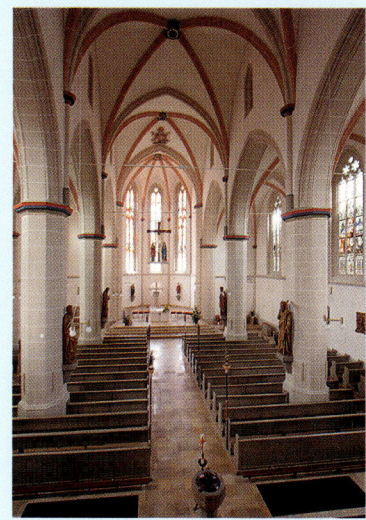

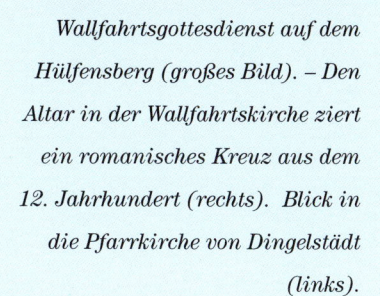

Wallfahrtsgottesdienst auf dem Hülfensberg (großes Bild). – Den Altar in der Wallfahrtskirche ziert ein romanisches Kreuz aus dem 12. Jahrhundert (rechts). Blick in die Pfarrkirche von Dingelstädt (links).

Der Name »Eichsfeld« für die anmutige Hügellandschaft zwischen Harz, Hessischem Bergland und Thüringer Becken taucht erstmals in einer Urkunde von 897 auf. Schon damals gehörten große Teile dem katholischen Erzstift in Mainz. Später trafen Reformation und Bauernkrieg die Region besonders hart. Zwar galt diese als eines der am schnellsten reformierten Gebiete. Doch mit der Gegenreformation ab 1574 wurde das Eichsfeld wieder vollständig katholisch. Die Jesuiten gründeten eigens in Heiligenstadt ein Kolleg und brachten zunächst Mission und Krankenpflege voran. Sehr bald aber widmeten sie sich auch der Theologie und der Wissenschaft sowie der Bildung und Erziehung. Nach dem Dreißigjährigen Krieg (1618–1648) verhalfen die engen Bindungen an Mainz dem Eichsfeld erneut zu einem schnellen Aufschwung. Mit der Französischen Revolution (1789), den Befreiungskriegen (1813–1815) und dem Wiener Kongress von 1815 geriet das Gebiet jedoch unter wechselnde Herrschaften. Aus der Aufteilung in ein südliches Obereichsfeld um Heiligenstadt und ein nördliches Untereichsfeld um Duderstadt wurde nach 1945 eine nahezu unüberwindbare Trennung durch die innerdeutsche Grenze. Wie stark trotzdem die Beziehungen zwischen den Menschen geblieben waren, zeigte sich in der Nacht der Grenzöffnung vom 9. November 1989.

Das Panorama-Museum in Bad Frankenhausen mit dem Monumentalgemälde »Frühbürgerliche Revolution in Deutschland« von Werner Tübke verspricht ein besonderes Kunsterlebnis (großes Bild und rechte Seite oben). Tübkes Meisterwerk in der Rotunde wird von regelmäßigen Sonderausstellungen ergänzt (rechts).

gebern. Tübke, der 2004 verstorbene renommierte Meister aus Leipzig, stand für das Panorama seit 1976 bei der DDR-Führung unter Vertrag. Zwar übernahm er für das Auftragswerk den offiziellen Titel »Frühbürgerliche Revolution in Deutschland«. Doch zugleich ließ er sich mehrmals die völlige künstlerische Freiheit vertraglich garantieren. Tübke wollte mit seinem Werk dem Betrachter »voll und überraschend die Lebens- und Denkbilder der Menschen von damals« anschaulich machen. Die 1982 in Dresden erstmals öffentlich gezeigte Fassung des Gemäldes im Maßstab 1 : 10 machte weit über die DDR hinaus neugierig auf das gigantische Projekt.

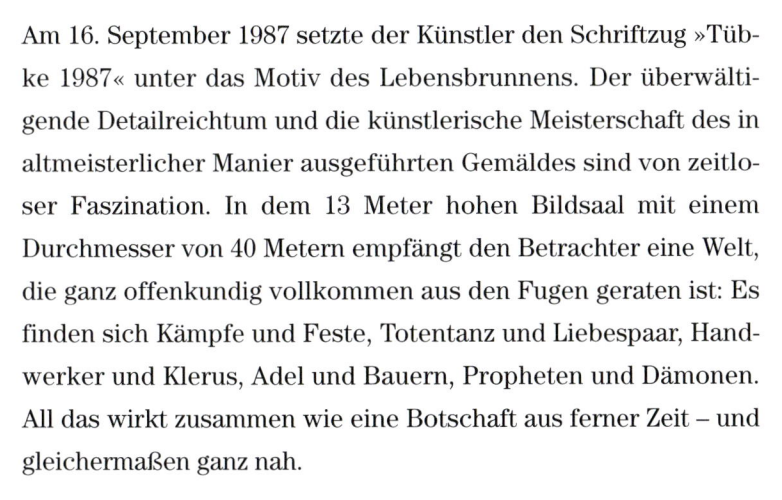

Am 16. September 1987 setzte der Künstler den Schriftzug »Tübke 1987« unter das Motiv des Lebensbrunnens. Der überwältigende Detailreichtum und die künstlerische Meisterschaft des in altmeisterlicher Manier ausgeführten Gemäldes sind von zeitloser Faszination. In dem 13 Meter hohen Bildsaal mit einem Durchmesser von 40 Metern empfängt den Betrachter eine Welt, die ganz offenkundig vollkommen aus den Fugen geraten ist: Es finden sich Kämpfe und Feste, Totentanz und Liebespaar, Handwerker und Klerus, Adel und Bauern, Propheten und Dämonen. All das wirkt zusammen wie eine Botschaft aus ferner Zeit – und gleichermaßen ganz nah.

Das Denkmal auf der Burg

Ein Denkmal ganz anderer Art erhebt sich seit über hundert Jahren an der Nordseite des Kyffhäuser. Seit 1896 symbolisiert das 81 Meter hohe Sandsteinmonument im protzigen Stil der Gründerzeit die Barbarossa-Sage und die Reichseinigung von 1871. Die Initiative dazu war vom Deutschen Kriegerbund ausgegangen, der den 1888 verstorbenen Kaiser Wilhelm I. als Vollstrecker der deutschen Einheit verehrte. »Kaiser Weißbart« habe die Sage erfüllt »und Kaiser Rotbart erlöst«, begründete der Kriegerbund seinen Bauantrag.

Ursprünglich sollte nach den Vorstellungen des Architekten Bruno Schmitz, der auch die Monumente am Deutschen Eck in Koblenz, an der Porta Westfalica und für die Völkerschlacht bei Leipzig entwarf, eine »deutsche Nationalfestspielstätte« entstehen. Doch das Fürstenhaus Schwarzburg-Rudolstadt als Eigentümer des Burgbergs unterhalb der mittelalterlichen Ruine war strikt gegen das geplante Amphitheater mit 400 000 Plätzen und versagte sich dem Projekt. Gebaut wurde stattdessen eine monumentale Anlage mit einem Aussichtsturm über wuchtigen Terrassen. Im »Schlosshof« am Fuß des Denkmals sitzt in einer Nische aus Rundbögen die imposante Figur des Kaisers Barbarossa. Darüber erhebt sich das zehn Meter hohe Reiterstandbild mit dem Reichsgründer Wilhelm I. als Soldat hoch zu Ross. Begleitet wird er von Germanen mit Flügelhelm, Schild und Schwert. Barbarossa, Kaiser Wilhelm und ihre Getreuen haben alle Stürme der Zeiten überstanden. Doch umstritten war das Monument wegen seiner politischen Vereinnahmung fast immer.

Nach dem Ersten Weltkrieg wurde das Kaiser-Wilhelm-Denkmal bevorzugter Treffpunkt für Kriegervereine. Im Dritten Reich richteten die Nationalsozialisten im Inneren eine Erinnerungsstätte für die »Toten des Ersten Weltkrieges und der Hitlerbewegung« ein. Nachdem die Anlage in der DDR auch die Pläne zu einer Sprengung überdauert hatte, erhielt der Innenraum 1969 das fünfteilige Bronzerelief »Kyffhäuser«. Allerdings hatten die DDR-Behörden wenig Freude an der Mitteltafel. Dort hatte der Hallenser Bildhauer Martin Wetzel die Nationalhymne Johannes R.

Ausritt in die freie Natur (oben). Seit seiner Eröffnung im Herbst 2005 ist der Baumkronenpfad im Nationalpark Hainich ein beliebtes Ausflugsziel bei Naturfreunden.

Bei geführten Wanderungen werden die Besonderheiten des Nationalparks und seine vielfältige Flora und Fauna ausführlich erläutert (rechte Seite).

Bechers zitiert – mit der später konsequent verschwiegenen Zeile »Deutschland, einig Vaterland«.

Mittlerweile steht das Relief wie die gesamte Anlage für die wechselvolle Geschichte des Ortes. Die Ursprünge der Reichsburg Kyffhausen reichen bis ins 11. Jahrhundert zurück. Mit einer Länge von mehr als 600 Metern und 60 Metern Breite war sie eine der größten Burgen Deutschlands. Nach wiederholten Zerstörungen wurde der Wiederaufbau erst unter Barbarossa im 12. Jahrhundert abgeschlossen. Ein Aufenthalt von Kaiser Rotbart auf Kyffhausen ist jedoch nicht nachgewiesen. Der Niedergang der Staufer im 13. Jahrhundert bedeutete auch für die Burg den Verfall. Als Spielball in den Machtkämpfen der regionalen Fürsten wechselte sie wiederholt die Besitzer. Seit dem 15. Jahrhundert wurden aus Steinen der Burgruine neue Bauten in der Umgebung errichtet. Eine Chronik von 1421 spricht vom »wüsten Schloss Kyffhausen«. Die Mittelburg fiel einem Steinbruch zum Opfer und zwei Drittel der Oberburg mussten 1896 dem Kaiser-Wilhelm-Denkmal weichen. Doch die erhaltenen Ruinen mit dem Barbarossaturm und der Unterburg lassen die einstige Größe erahnen.

Den Wolken näher

Der Weg von Eisenach in den Norden des Freistaates führt schon nach wenigen Kilometern in Thüringens einzigen Nationalpark, den Hainich. Wo über 60 Jahre Panzer und anderes militärisches Gerät die Landschaft zerstörten, stehen seit dem Jahreswechsel 1997/1998 auf 7600 Hektar die Flora und Fauna unter besonderem Schutz. Insgesamt breiten sich auf dem 15 000 Hektar großen Höhenzug im Dreieck zwischen Eisenach, Bad Langensalza und Mühlhausen rund 13 000 Hektar dichte Buchenwälder aus. Damit ist der Hainich der größte zusammenhängende Laubwald in Deutschland. In dem teilweise urwaldähnlichen Gebiet sind Schwarzstorch und zahlreiche Fledermausarten ebenso zu Hause wie 400 Käferarten und Pilze im Totholz. Fachleute haben im 13. deutschen Nationalpark 150 Brutvogelarten, 800 unterschiedliche Schmetterlinge und 700 Pilzarten nachgewiesen. Der Hainich als »größter Urwald mitten in Deutschland« ist zu jeder Jahreszeit ein Wanderparadies. Von den Parkplätzen an verschiedenen Orten führen insgesamt 13 Wanderwege durch das Areal. Eine besondere Attraktion ist seit Herbst 2005 der Erlebnispfad in schwindelerregender Höhe mitten durch die Baumkronen. Der 300 Meter lange und zwei Meter breite Pfad beginnt im Aussichtsturm nahe der Thiemsburg in elf Metern Höhe und führt in großem Bogen zum Turm zurück. Dabei steigt der Rundgang durch die Wipfel bis auf knapp 25 Meter an. Den Weg säumen Holzskulpturen mit den vier Leittieren des Nationalparks – Fledermaus, Specht, Schillerfalter und Wildkatze. Auf dem Aussichtsturm ermöglicht eine 44 Meter hohe Plattform einen Rundblick über den Laubwald. Bei gutem Wetter ist im Südwesten der Inselsberg und im Norden der Brocken zu sehen.

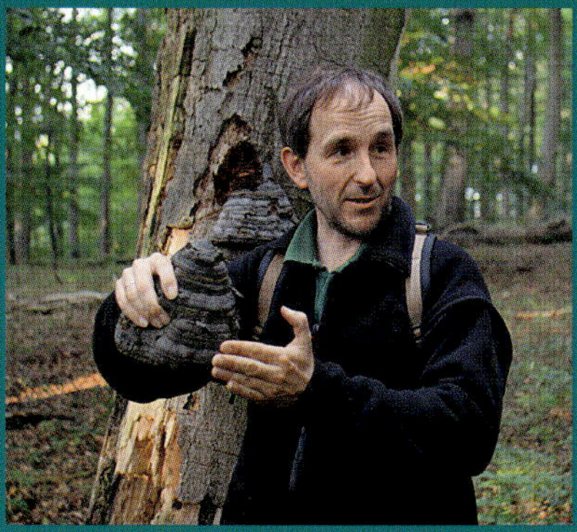
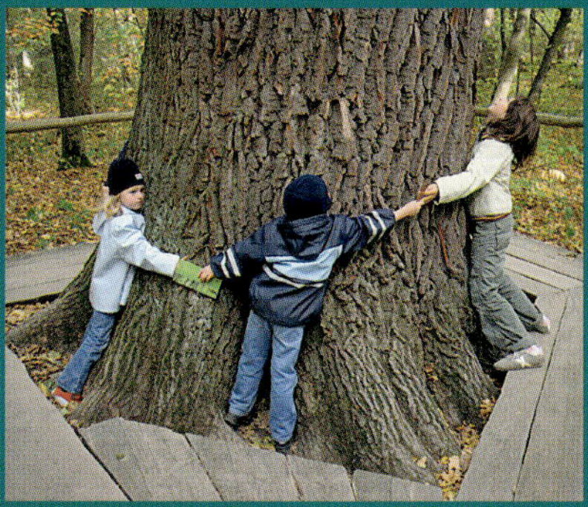
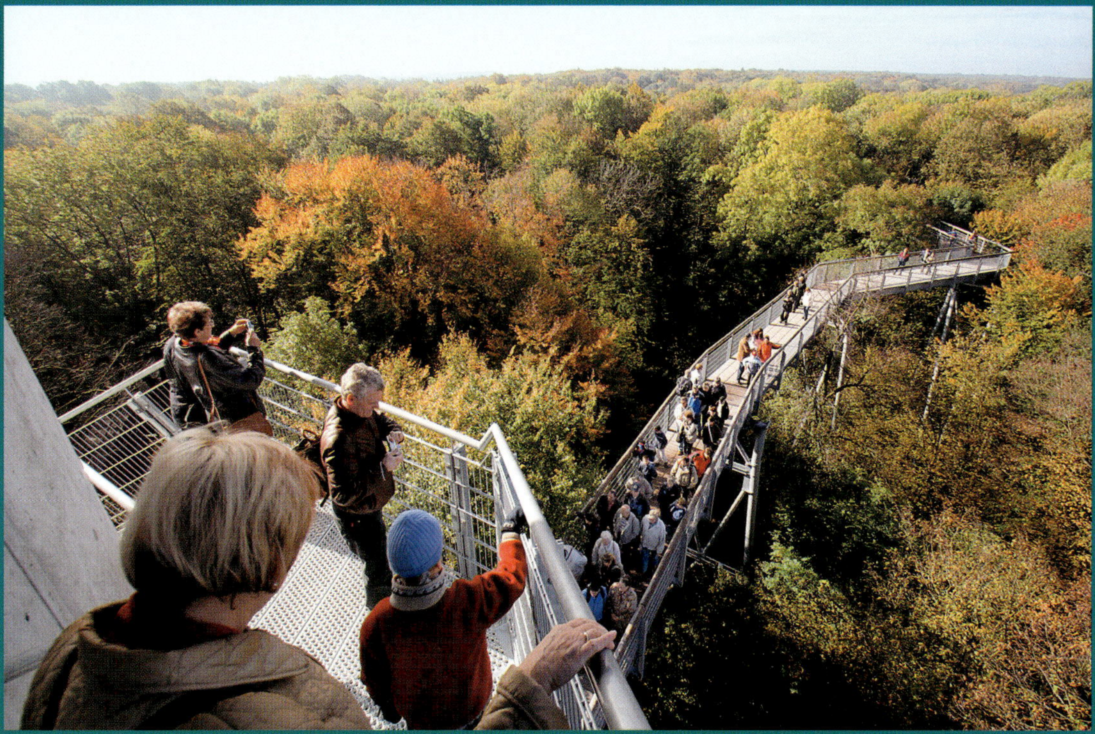
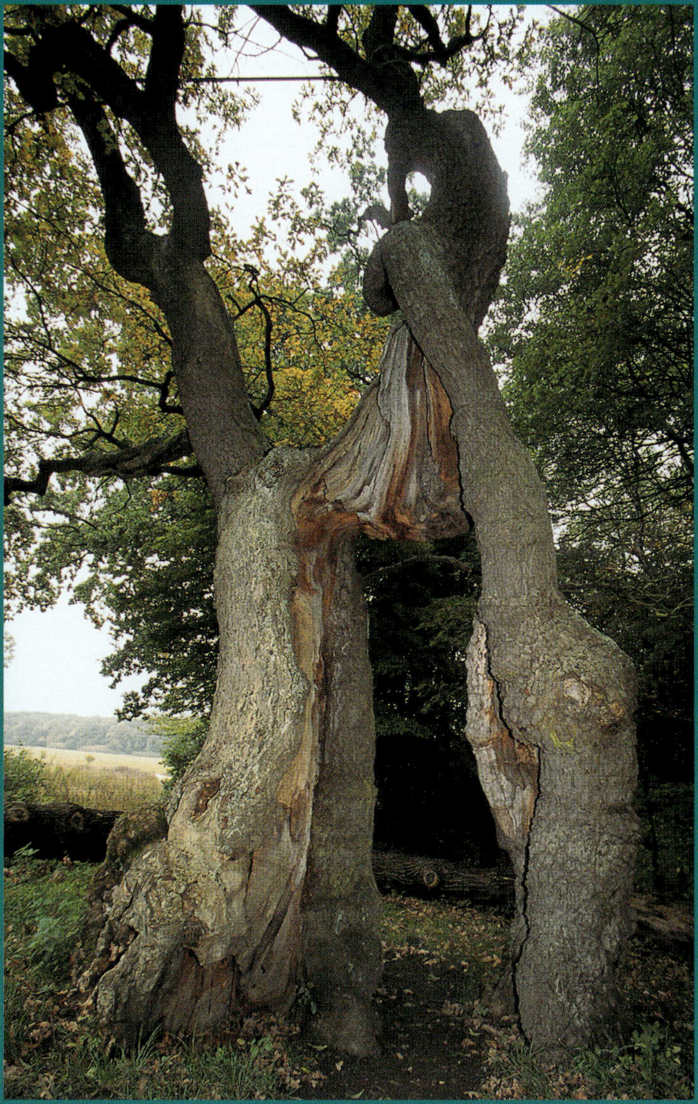
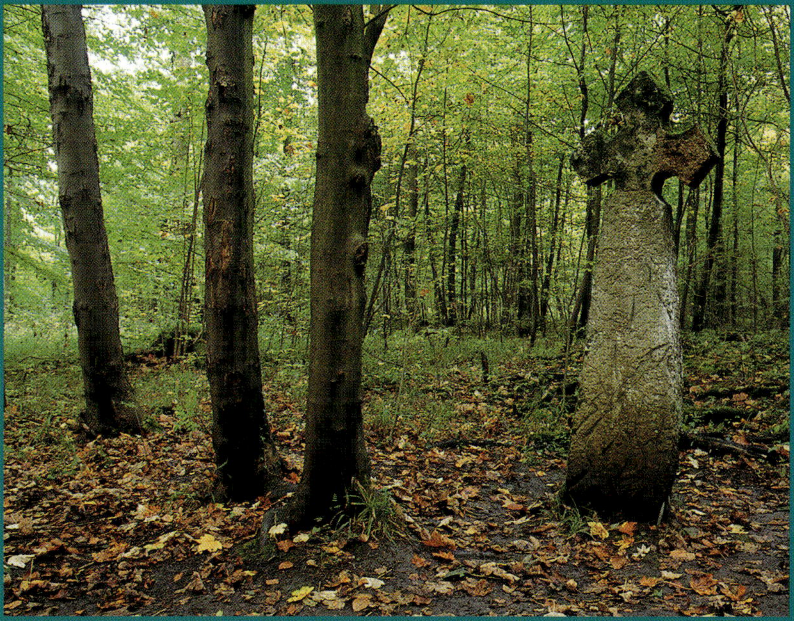
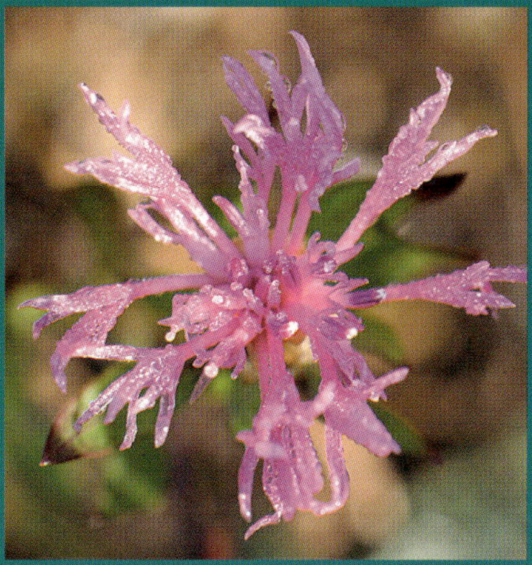
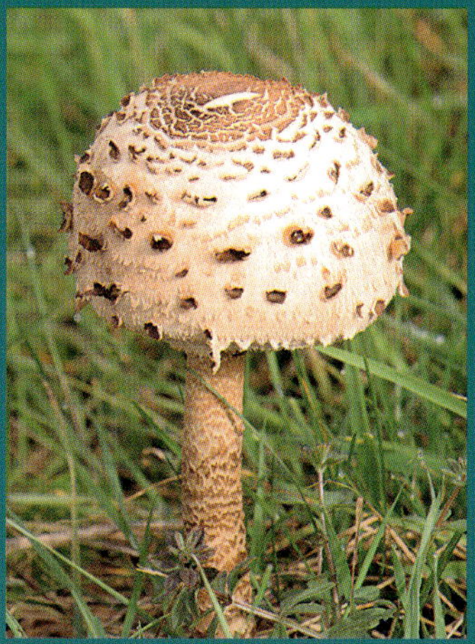

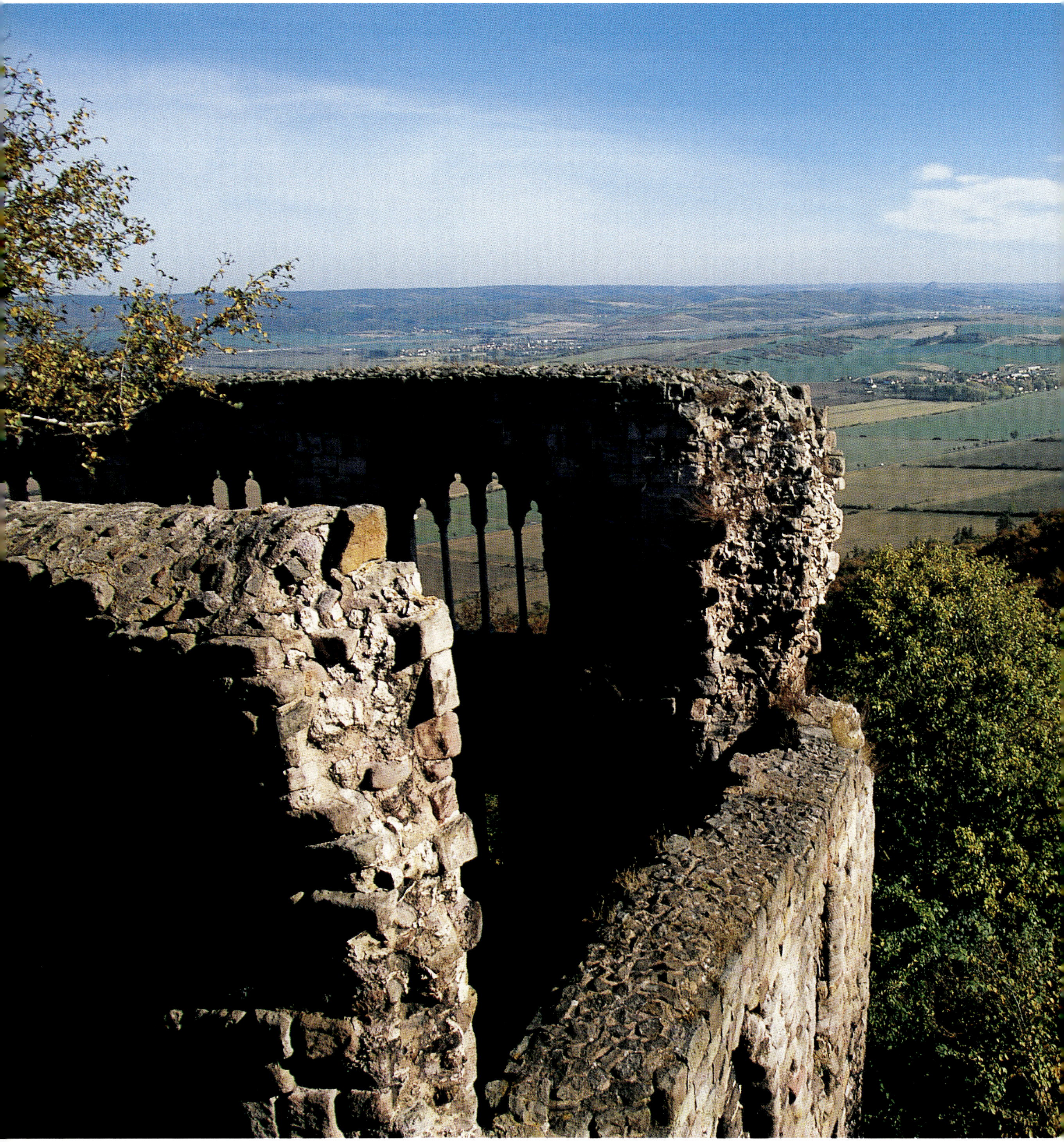

Die Ruine der Rothenburg symbolisiert den Kyffhäuser als geschichtsträchtigen Ort (großes Bild). – Gelegentlich bietet das Kyffhäuser-Denkmal die Bühne für nächtliche Konzerte (ganz oben). – Eine weitere Touristenattraktion am Kyffhäuser ist die Barbarossa-Höhle (oben).

Auf dem Steinweg in Mühlhausen.

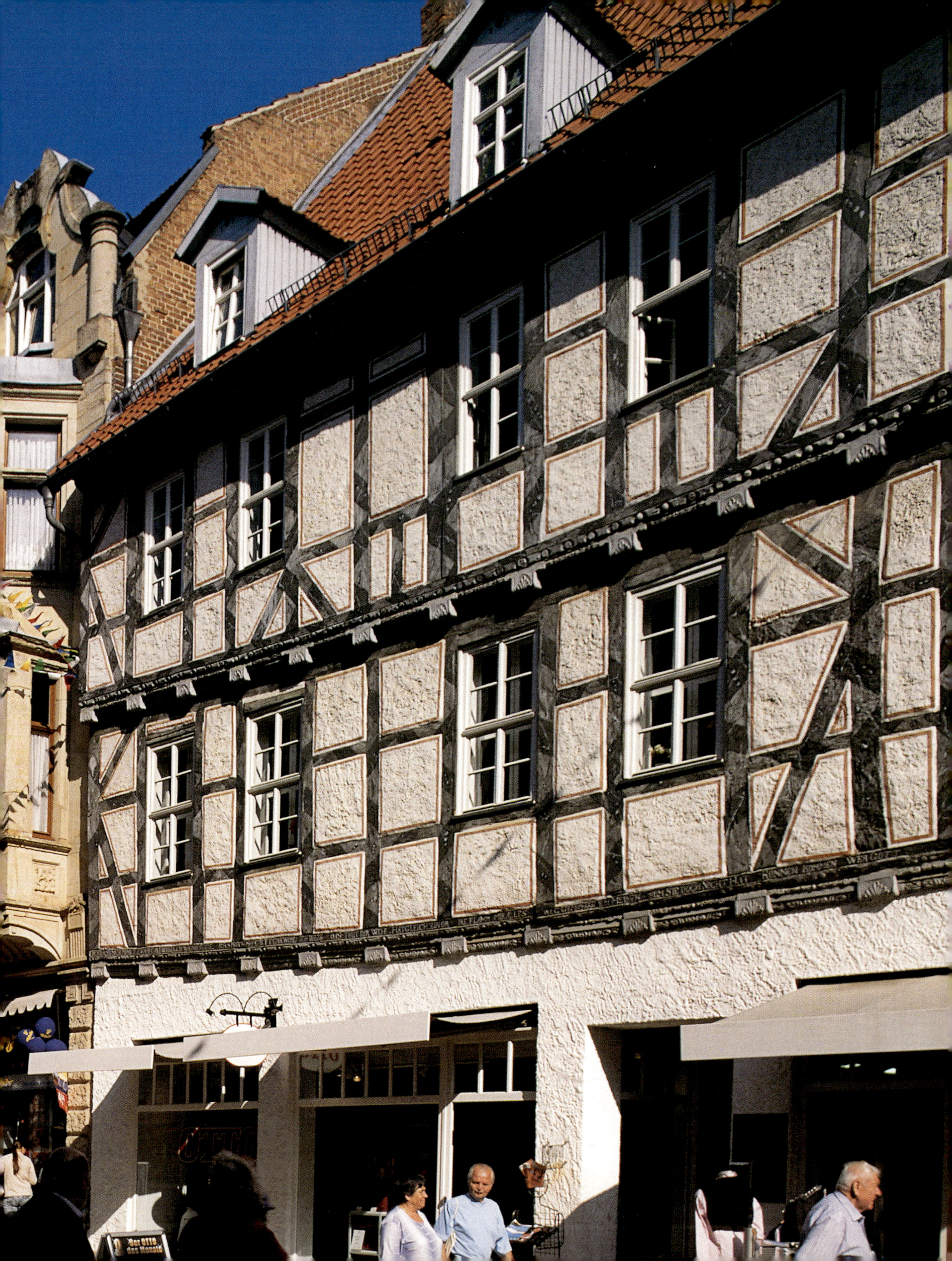

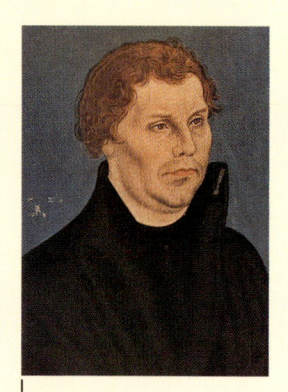

Tintenklecks und Todesangst

In Thüringen wurde Martin Luther zum Reformator

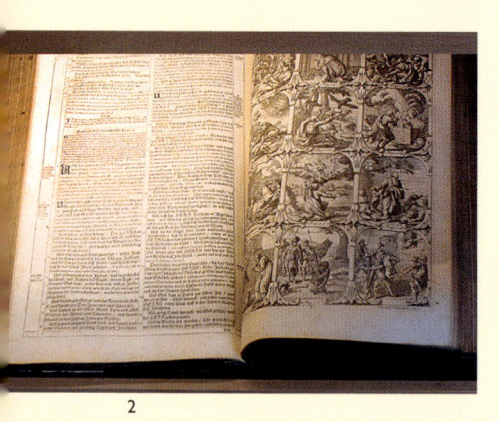

1 Martin Luther, nach einem Gemälde von Lucas Cranach (1529).
2 Bibelausgabe in der Ausstellung des Lutherhauses in Eisenach.
3 Ein Rundgang im Lutherhaus vermittelt eine Vorstellung vom Alltag in der Reformationszeit.
4 Die Lutherzelle im Erfurter Augustinerkloster erinnert an den Mönch Martin Luther, der 1505 um die Aufnahme in das Kloster gebeten hatte. – 5, 7 Seit 2005 ist die Eisenacher Innenstadt der Schauplatz des großen Mittelalterspektakels »Luther – Das Fest«.
6 Lutherstube in der Wartburg.

Die Legende hält sich hartnäckig. Selbst Goethe notierte nach einem seiner Besuche auf der Wartburg, »Doktor Luthers Tintenklecks« werde vom Kastellan »von Zeit zu Zeit« wieder aufgefrischt. »Die meisten Reisenden haben doch etwas Handwerksburschenartiges und sehen sich gern nach solchen Wahrzeichen um«, setzte der Weimarer Dichterfürst hinzu. Seinen Kommentar können Mitarbeiter der Burg bis heute bestätigen – wenn auch die Suche nach einem solchen Tintenzeichen ohne Ergebnis bleibt.

Die Wartburg gehört zweifellos zu den weltweit bekanntesten Stätten der Reformation. Diese Berühmtheit verdankt sie Kurfürst Friedrich dem Weisen, der Luther 1521 auf dem Rückweg vom Reichstag in Worms in der Nähe der Burg festnehmen und in Sicherheit bringen ließ. Der fingierte Überfall rettete dem für vogelfrei erklärten Reformator das Leben und den Fortgang der von ihm ausgelösten Bewegung. »So sind mir hier meine Kleider ausgezogen und Reiterskleider angezogen worden«, schrieb er von der Wartburg an seinen Mitstreiter Georg Spalatin: »Das Haar und den Bart lasse ich wachsen, sodass du mich schwerlich erkennen würdest, da ich selbst mich schon längst nicht mehr kenne.« Als »Junker Jörg« übersetzte Luther zwischen 4. Mai 1521 und 1. März 1522 das Neue Testament aus dem griechischen Urtext ins Deutsche. Die sprachschöpferische Meisterleistung gelang ihm in vertrauter Umgebung. Denn der Stammort der Familie, das Fachwerkdorf Möhra auf halbem Weg nach Bad Salzungen, ist nur wenige Kilometer entfernt. Zwar hatten Luthers Eltern den Ort vor seiner Geburt im Herbst 1483 verlassen. Doch kurz vor der Gefangennahme soll der Theologieprofessor trotz fürstlichen Verbots an der Dorflinde gepredigt und auch seine Verwandten besucht haben. Im »Pfaffennest« Eisenach war Luther einst Lateinschüler und Kurrendesänger. Erhalten sind aus jener Zeit die Nikolaikirche und die Georgenkirche. Das heutige Lutherhaus mit einer ständigen Ausstellung gilt als zeitweilige Unterkunft des Schülers bei seinen Gasteltern.

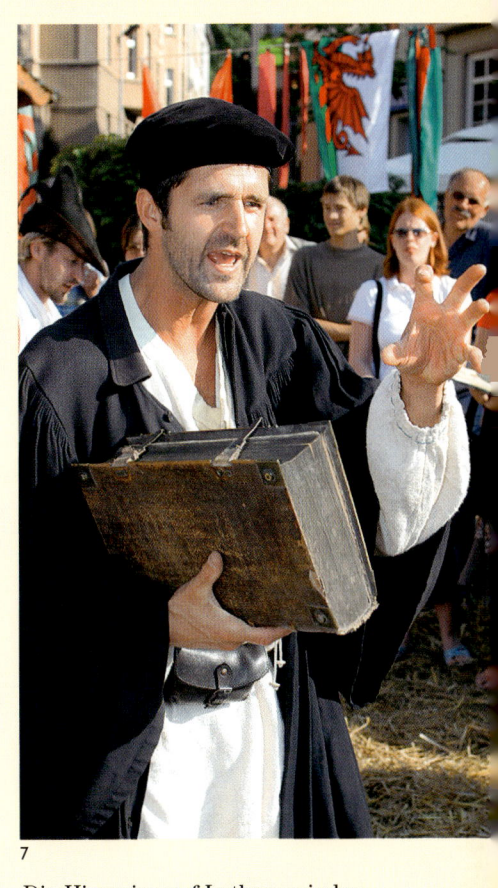

Im April 1501 zog es den 17-Jährigen nach Erfurt, um sich an der Universität zunächst den »Sieben freien Künsten« zu widmen. Doch vier Jahre später, als inzwischen promovierter Magister artium, sah er sich nach glücklich überstandener Todesangst in einem Gewitter bei Stotternheim zum Eintritt ins Kloster berufen. Bis 1511 gehörte er mit Unterbrechungen zu den Erfurter Augustiner-Chorherren. So ist das Augustinerkloster in seiner heutigen Gestalt mit Kirche, Bibliothek und Tagungsstätte die größte erhaltene Lutherstätte in der Landeshauptstadt. Darüber hinaus erinnert neben dem Dom und weiteren Kirchen auch das alte Universitätsviertel mit der Humanistenstätte »Engelsburg« an Luther.

Die Hinweise auf Luthers wiederholte Besuche und Predigten in anderen Thüringer Orten zwischen Eisenach und Altenburg sind zahlreich. Gotha und Weimar gehören dazu ebenso wie Saalfeld und Gräfenthal oder Neustadt an der Orla und Schmalkalden. Dort hatten 1531 evangelische Landesherren zum Schutz der Reformation den Schmalkaldischen Bund besiegelt. Doch der Schmalkaldische Krieg von 1546/1547 endete nicht nur mit einer Niederlage des Bündnisses. Er verhinderte auch, dass die Bronzeplatte für Luthers Grab jemals ihren eigentlichen Bestimmungsort Wittenberg erreichte. Die in einer Erfurter Gießerei angefertigte Grabplatte wurde zunächst in der Stadt Weimar aufbewahrt und ist seit dem Jahr 1571 in der Jenaer Stadtkirche aufgestellt.

Thüringer Wald und Rhön

Zwischen Naturlehrpfaden und Kulturgeschichte

»So schön wie der Thüringer Wald ist wohl kein anderer Wald auf dieser Erde«, befand der dänische Schriftsteller Martin Andersen Nexö (1869–1954): »Wie eine Welt für sich liegt er da, hoch unter den Himmel emporgehoben, erdrückend düster oder festlich in weißen Schnee gekleidet, und scheint alles von des Himmels Zorn und des Himmels Gnade zu haben. Bergauf und bergab erstreckt er sich, und so viele Tannen sind in ihm, dass jeder Mensch auf Erden seinen eigenen Weihnachtsbaum kriegen könnte.«

Diese »Welt für sich« ist eine der beliebtesten Touristenregionen in den deutschen Mittelgebirgen. Sie erstreckt sich von Eisenach auf 120 Kilometern in südöstlicher Richtung bis nach Sonneberg auf einer Höhe zwischen 430 und fast 1000 Metern. Ausgedehnte Waldgebiete an den Rändern mit Buchen und Eichen sowie Fichten und Tannen in den Höhenlagen wechseln sich ab mit tief eingeschnittenen Tälern und üppig blühenden, herrlichen Bergwiesen.

Das Nebeneinander von landschaftlicher Schönheit und Zeugnissen einer langen Kulturgeschichte macht die Region zum Naturlehrpfad ebenso wie zum Ziel von Bildungsreisen. Dabei ist für den Besucher der feine Unterschied zwischen dem eigentlichen Thüringer Wald und dem Thüringer Schiefergebirge unerheblich. Unverkennbares Merkmal sind hier die von Schieferhäusern geprägten Ortsbilder. Geologen sehen die Grenze entlang einer gedachten Linie zwischen Schönbrunn und Gehren. Hinter

Die Oberweißbacher Bergbahn (oben) ist ebenso einzigartig wie eine Wanderung durch die herrliche Natur in der Thüringer Rhön (ganz oben). – Das Rathaus von Eisenach (rechte Seite).

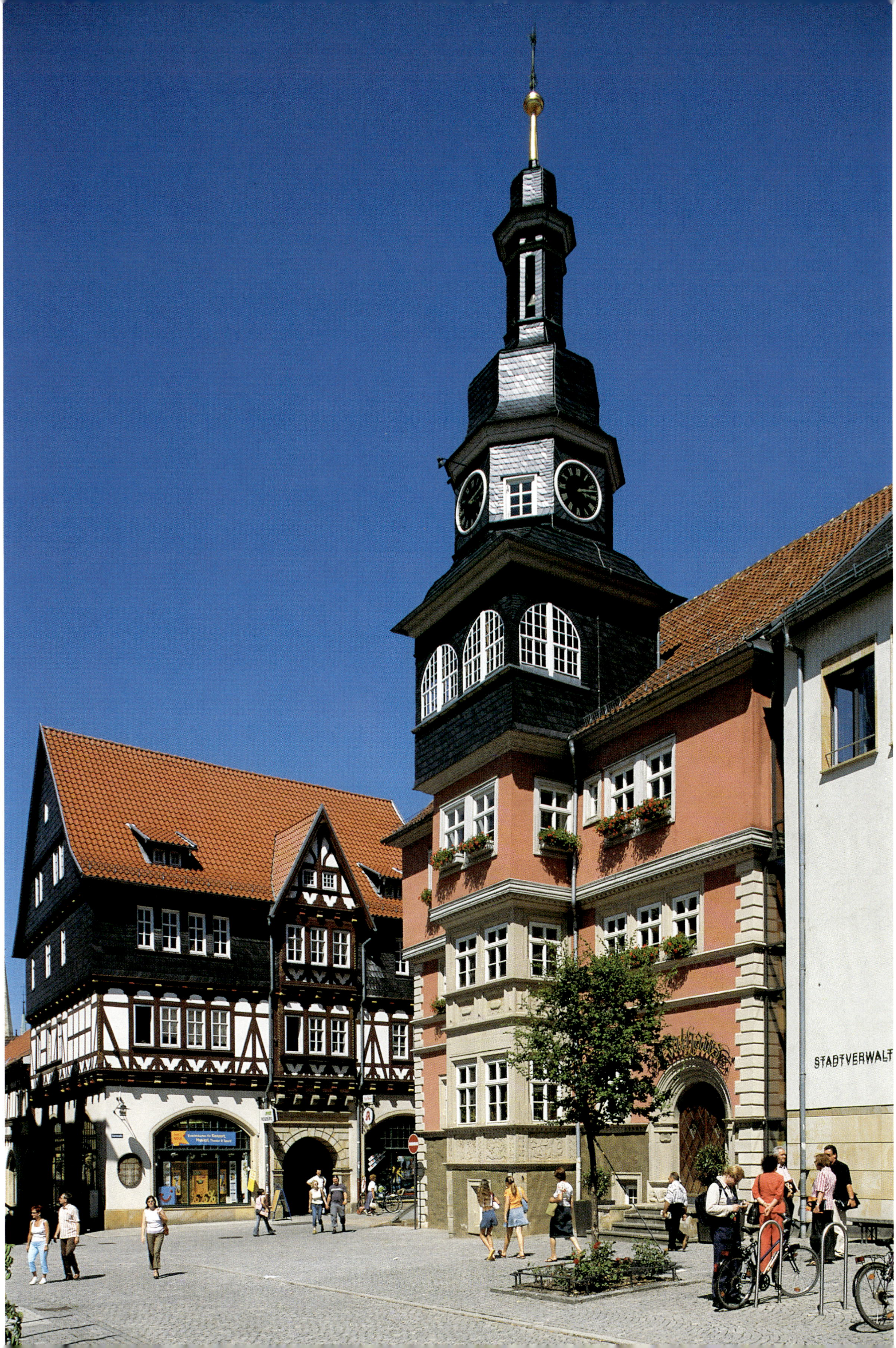
STADTVERWALT

Ernstthal geht das Schiefergebirge in den Frankenwald über, dessen Ausläufer bis zur Saale reichen.

Südwestlich des Thüringer Waldes weiten sich jenseits der Werra die »offenen Fernen« der Rhön. Thüringen hat an der Landschaft mit ausgedehnten Wiesenflächen auf Höhenkuppen im Vergleich zu Hessen und Bayern einen nur kleinen Anteil. Doch seit der überwundenen Teilung ist die alte Kulturlandschaft auch von hier aus wieder offen. Die sanft gerundeten Bergkegel aus vulkanischer Zeit erheben sich bis auf 950 Meter. Für die Pflege der Wiesen und Matten sorgen die Rhönschafe, deren Existenz am Ende in der DDR auf dem Spiel stand. An Überraschungen reich sind Flora und Fauna mit so seltenen Exemplaren wie Silberdisteln oder dem Roten Milan. In den Städten und Dörfern ist heidnisches und frommes Brauchtum ebenso zu Hause wie einladende Gastfreundschaft.

Anders als sein Vorland blieb der Thüringer Wald lange Zeit und in weiten Teilen unbewohnt. Mit der zunehmenden Besiedlung im 16. Jahrhundert lebten die Menschen in den Taldörfern vom Reichtum der umgebenden Wälder. Sie wurden Holzfäller oder Harzscharrer, Pechbrenner und Köhler, Besenbinder, Spengler, Holzschnitzer oder Flachsspinner. Die Bodenschätze Eisen und Kupfer verarbeiteten sie in Schmieden und Hammerwerken. Fuhrleute brachten die Handelsware über den Berg. Glashütten gab es schon im 12. Jahrhundert. Sie gehörten zu Klöstern wie Königsbreitungen, Klosterlausnitz und Paulinzella und produzierten Butzenscheiben, Tafelglas und Apothekergläser. Die ersten Waldglashütten 1418 in Judenbach und 1483 im Amt Schleusingen versorgten die Herren und Damen der Schlösser und Klöster mit den damaligen Luxusartikeln aus Glas. Die 1597 gegründete Glashütte in Lauscha musste 1646 für den Neubau von Schloss Friedenstein über 52 000 Butzenscheiben an den Gothaer Hof liefern.

Mit der Spielzeugindustrie entwickelte sich frühzeitig ein weiterer typischer Wirtschaftszweig des Thüringer Waldes. Schon 1670 gründeten Sonneberger Kaufleute erste Handelsniederlassungen im Ausland. Schließlich entstanden in der zweiten Hälfte des 18. Jahrhunderts zahlreiche Porzellanmanufakturen.

Zuvor hatte Georg Heinrich Macheleid in Sitzendorf unabhängig von Johann Friedrich Böttger in Meißen 1760 das »weiße Gold« erfolgreich nacherfunden.

Am Fuße der Wartburg

Luther nannte es seine »liebe Stadt«, doch gelegentlich fiel einst zu Eisenach auch das Schimpfwort »Pfaffennest«. Trotz der dominanten Wartburg führte die alte Handelsstadt immer auch ihr Eigenleben. Die denkmalgeschützten Villenviertel an den Berghängen der Südstadt illustrieren den Aufschwung mit dem Automobilbau ab 1896. Die Jugendstil-Wandelhalle am Kartausgarten erinnert an die längst begrabenen Träume von einer Kurstadt. Berühmtester Sohn der Stadt ist der Barockmusiker Johann Sebastian Bach (1685–1750). Das ihm gewidmete Museum am Frauenplan ist zwar nicht – wie ursprünglich angenommen – sein Geburtshaus, aber zweifellos die bedeutendste

Kein Stadtfest ohne gekrönte Häupter: Die Thüringer Wurstkönigin auf dem Meininger »Hütesfest« (linke Seite, oben). Rundgang im Innenhof der Wartburg (linke Seite, großes Bild). Das Renaissance-Rathaus der einstigen Residenz Hildburghausen (links). – Blick auf die Glasbläserstadt Lauscha am Südhang des Thüringer Waldes (linke Seite, unten).

Blick vom Aussichtsturm auf dem Kickelhahn bei Ilmenau über den Thüringer Wald (oben). – Im Herbst sind die Laubwälder besonders schön (rechts). – Am Großen und Kleinen Gleichberg sind Reste einer keltischen Burg nachgewiesen (großes Bild). – Eine zauberhafte unterirdische Welt tut sich an der Gralsburg mit dem Märchendom in den Saalfelder Feengrotten auf (ganz rechts).

Gedenkstätte für den Komponisten. Von dem nicht unumstrittenen modernen Erweiterungsbau des Museums profitiert vor allem die wertvolle Instrumentensammlung.

Im Lutherhaus soll der Reformator als Lateinschüler von 1498 bis 1501 bei der angesehenen Familie Cotta gelebt haben. Das heutige Museum erinnert daran mit einer modernen Ausstellung. Darüber hinaus zeigt das Evangelische Pfarrhausarchiv, womit Söhne und Töchter aus Pfarrhäusern in 500 Jahren Kulturgeschichte für Aufsehen sorgten. Die Reuter-Villa nahe der Auffahrt zur Wartburg war ab 1863 Alterssitz des niederdeutschen Schriftstellers Fritz Reuter. Die hier bewahrte Richard-Wagner-

Sammlung gilt als bedeutendste außerhalb von Bayreuth. Der mehrfache Eisenach-Besucher Wagner ließ sich vom Sängerkrieg auf der Wartburg zu seinem »Tannhäuser« anregen.

Regelmäßig drei Wochen vor Ostern feiern in Eisenach Tausende mit dem Sommergewinn das größte deutsche Frühlingsfest. Nach einem farbenprächtigen Umzug trifft Frau Sunna auf den Winter, den sie in einem zünftigen Streitgespräch wortreich besiegt. Aus Freude über den Sieg des Frühlings geht anschließend eine Strohpuppe in Flammen auf. Das bunte Spektakel aus heidnischer Vorzeit bekam im Sommer 2005 Gesellschaft: Das Lutherfest mit Theater und mittelalterlichem Marktgetümmel soll zu einer weiteren regelmäßigen Open-Air-Tradition werden.

Wer solchen Festen die Erholung in der Natur vorzieht, findet bei Eisenach Anregungen genug. Reizvolle Ziele sind die Drachenschlucht, der Metilstein gegenüber dem Burgberg, die mit der heiligen Elisabeth verbundene Creuzburg oder die Hörselberge. Südlich der Stadt sind am Rennsteig die Hohe Sonne und Schloss Wilhelmsthal Beispiele dafür, was Stillstand in Denkmalpflege und Nutzung für historische Gebäude bedeuten kann. Etwas abseits der Hauptstraße liegt, umgeben von 700 Meter hohen Bergen, der kleine Ort Ruhla mit 50 Thüringer Sehenswürdigkeiten auf einen Blick im Heimatpark »mini-a-thür«.

Zwischen Inselsberg und Oberhof

Rund um den Inselsberg liegen die klassischen Thüringer Urlauberorte. Der riesige Hotelklotz auf dem Reinhardsberg in Friedrichroda erinnert an den Massentourismus des gewerkschaftlichen Feriendienstes in der DDR. Nur das Ostseebad Kühlungsborn bot damals mehr. Dagegen konnte sich Tabarz seine kleinteilige Beschaulichkeit erhalten. Die Märchenwiese mit Holzfiguren aus dem »Struwwelpeter« ist dem Frankfurter Arzt Heinrich Hoffmann gewidmet. Der Verfasser der populären Bildergeschichten war hier zwischen 1884 und 1894 wiederholt zur Kur.

Tabarz ist zudem Endstation der Thüringer Waldbahn, die seit 1929 den Kurort mit dem Rest der Welt verbindet. Gut eine Stunde braucht die Bahn für die 20 Kilometer nach Gotha, die auch am einstigen Kloster Reinhardsbrunn mit seinen romantischen Fisch- und Gondelteichen vorbeiführen.

Ein weiterer Haltepunkt ist Schnepfenthal, wo Christian Gotthilf Salzmann 1784 erstmals sein neues pädagogisches Konzept umsetzte. Zu den Lehrern an der nach ihm benannten Salzmannschule, die heute ein Sprachengymnasium beherbergt, gehörte unter anderem Johann Christoph Friedrich GutsMuths (1759–1839). Auf der nahe gelegenen Hardt richtete er den ersten deutschen Turn- und Gymnastikplatz ein.

Bad Liebenstein an den südlichen Ausläufern des Inselsberges gilt mit der 1610 erschlossenen Casimirquelle als der älteste Kurort Thüringens. Von hier aus lässt sich in einer zweistündigen Wanderung der eindrucksvolle Trusetaler Wasserfall erreichen. Von der künstlichen Kaskade fällt seit 1865 das Wasser mit lautem Getöse 58 Meter in die Tiefe. Das 1982 ausgebrannte Schloss Altenstein nördlich von Bad Liebenstein ist von einem sehenswerten Landschaftspark umgeben.

Die historische Altstadt von Schmalkalden ist mit ihrem liebevoll sanierten Fachwerk aus dem 15. bis 18. Jahrhundert ein einzigartiger Blickfang und sicherlich einen Besuch wert. Gekrönt wird das stimmungsvolle Ensemble rund um die Stadtkirche St. Georg von der Wilhelmsburg.

Schauspieler, Wintersportler, Büchsenmacher

Als Theater- und Musikstadt weit über Thüringen hinaus bekannt ist Meiningen. Unter ihrem »Theaterherzog« Georg II. sorgten »die Meininger« ab 1874 mit 81 Gastspielen zwischen London und Moskau und von Stockholm bis Triest für Aufsehen. Der nach dem Hoftheaterbrand von 1908 errichtete Neubau sollte auch äußerlich den hohen künstlerischen Anspruch unterstreichen. Meininger Theatergeschichte zeichnet heute die einstige Reithalle mit Kulissen, Kostümen, Plakaten und Theaterzetteln nach.

Das heutige Freilichtmuseum Kloster Veßra südöstlich von Meiningen war seit dem Mittelalter »Hauskloster« der gefürsteten

Vom Trippstein bietet sich ein faszinierender Blick auf den Ort und die Schlossruine Schwarzburg (oben). – Herbstidylle im romantischen Schwarzatal (links). Schäfer und Schafe gehören zum unverwechselbaren Landschaftsbild in der Rhön (linke Seite).

»Woesinge ahoi!«

An der Werra ist der Karneval zu Hause

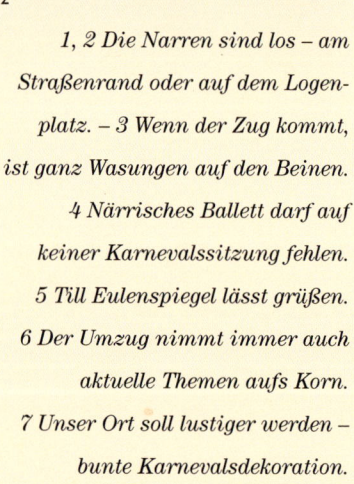

1, 2 Die Narren sind los – am Straßenrand oder auf dem Logenplatz. – 3 Wenn der Zug kommt, ist ganz Wasungen auf den Beinen. 4 Närrisches Ballett darf auf keiner Karnevalssitzung fehlen. 5 Till Eulenspiegel lässt grüßen. 6 Der Umzug nimmt immer auch aktuelle Themen aufs Korn. 7 Unser Ort soll lustiger werden – bunte Karnevalsdekoration.

Wenn am Rhein die bunten Rosenmontagszüge durch die Städte ziehen und der Karneval seinem Höhepunkt entgegenschunkelt, ist der große Umzug in Wasungen längst vorbei. Denn in der Thüringer Karnevalshochburg bevölkert das närrische Volk immer schon am Sonnabend vor dem Aschermittwoch die Straßen. Und das bereits seit Jahrhunderten. Schließlich gehört die idyllische Kleinstadt im Werratal zwischen Thüringer Wald und Rhön zu den ältesten deutschen Karnevalsorten. Schon 1524 soll es auf dem Markt Fastnachtsspiele gegeben haben, wie sie seinerzeit nach den literarischen Vorbildern des Hans Sachs im Umlauf waren. Zumindest ist in den Archiven eine Stadtrechnung erhalten, wonach der damalige Bürgermeister den Mitwirkenden des Spiels einen Eimer Bier spendierte. Mittlerweile hat die Wasunger Zählung die 470. Saison überschritten. Selbst in der DDR wurde regelmäßig gefeiert. Die Büttenreden waren dabei so etwas wie ein Ventil für vorsichtige Kritik an dem, was jeder wusste, aber sonst nicht öffentlich zu sagen wagte.

Damals wie heute dauern die närrischen Tage jeweils von Sonnabend bis Fastnachtsdienstag. Zum Auftakt versammeln sich unter dem traditionellen Schlachtruf »Woesinge ahoi!« (Wasungen ahoi!) etwa 2000 Karnevalisten zu einem zweistündigen Umzug durch die Stadt. Mit dabei sind etwa 80 Umzugsgruppen mit Festwagen sowie zehn Musikkapellen und Spielmannszüge. Die andere Hälfte der Wasunger Einwohner und die zahlreichen Besucher von außerhalb feiern am Straßenrand mit. Eine Karnevalsprinzessin gibt es in Wasungen jedoch nicht. Stattdessen führt ein Prinz mit zwei Pagen und seinem Gefolge das Zepter. Die Regentschaft

men, Orden, Fotos und Dokumenten ergänzt seit einigen Jahren das Kleinod auf seine Weise. Zugleich wird mit dem Museum deutlich, dass in Thüringen die

beginnt unmittelbar vor dem ersten der drei Umzüge und endet jeweils am 11.11. Themen für die farbenprächtig wie fantasievoll gestalteten Bilder holen sich die 360 Mitglieder des Wasunger Carneval Clubs wie andere närrische Vereine aus den großen und kleinen Alltäglichkeiten. »Wasungen ist Karneval, und Karneval ist Wasungen«, lautet ein bekannter Ausspruch in der Region. Wenn gerade mal kein Karneval ist, zeigt sich die Stadt mit ihren prächtigen Fachwerkbauten von der romantischen Seite. Unterdessen vertritt die Tanzgarde des Wasunger Carneval Clubs den Ort erfolgreich auf Wettbewerben und Meisterschaften im »karnevalistischen Tanzsport«. Andere Vereinsmitglieder kümmern sich um das Thüringer Karnevals-Museum im Damenstift. Der einstige Wohnsitz für verarmte adelige Damen wurde mit dem aufwändig restaurierten Fachwerk aus dem 16. Jahrhundert eines der schönsten Gebäude der Stadt. Die Ausstellung mit historischen Kostümen, Orden, Fotos und Dokumenten ergänzt seit einigen Jahren das Kleinod auf seine Weise. Zugleich wird mit dem Museum deutlich, dass in Thüringen die »tollen Tage« keineswegs nur an der Werra gefeiert werden. Immerhin hat der Landesverband der Karnevalsvereine zwischen Allmenhausen bei Mühlhausen und Ziegenrück an der Saale über 300 Mitglieder. Damit stellen die Thüringer den drittgrößten Landesverband in Deutschland. Alle Jahre wieder organisieren sie rund 190 Umzüge sowie über 1000 Prunksitzungen und Büttenabende mit ebenso vielen Rednern in der Bütt und auf der Bühne. Zweifellos ist der Freistaat auch auf diesem Gebiet eine Hochburg – zumal in Ostdeutschland.

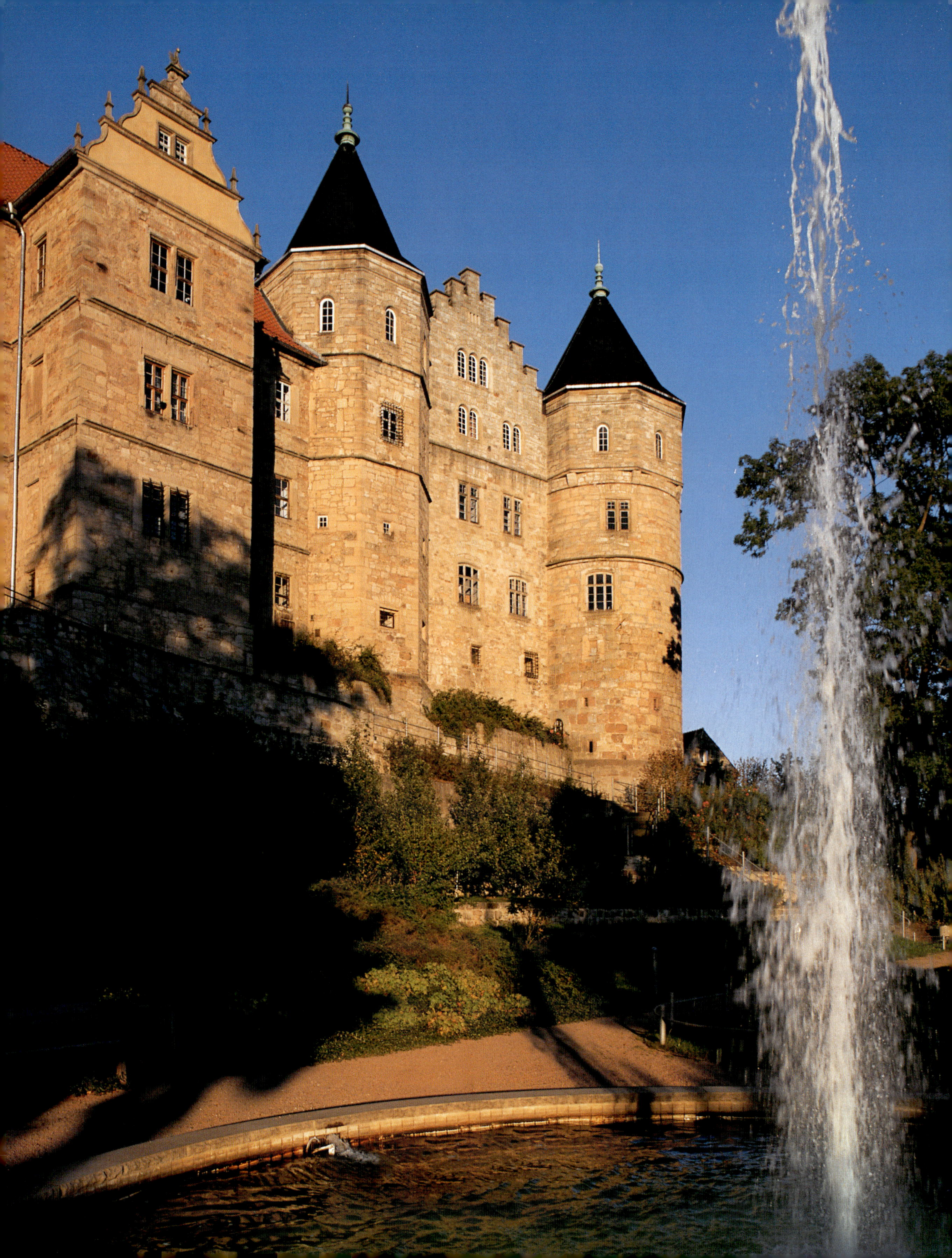

Linke Seite: Bertholdsburg in Schleusingen. – Das Meininger Theater (links) spiegelt das kulturelle Selbstbewusstsein der Stadt, die jahrhundertealtes Fachwerk aufweist (beide Bilder unten).

Grafen von Henneberg. Ebenso wie in den Nachbarorten Schleusingen und Themar illustrieren die erhaltenen historischen Bauten die Geschichte der schon 1583 ausgestorbenen Dynastie, deren Name lediglich in der Bezeichnung für die Region weiterlebt.

Rings um Oberhof mit Höhenlagen bis knapp unter 1000 Meter sind weiße Winterfreuden am wahrscheinlichsten. Nach bescheidenen Anfängen vor 100 Jahren ist der Urlauberort ohne regelmäßige internationale Wettkämpfe in den Wintersportarten nicht mehr denkbar. Doch mit ihren Loipen und Pisten in der Umgebung ist die Kleinstadt durchaus auch familientauglich. Schlechtwettervarianten bieten die Rennsteigtherme ebenso wie zahlreiche gastliche Häuser. Darüber hinaus ist das Gebiet um Oberhof, Zella-Mehlis, Suhl und Ilmenau zu jeder Jahreszeit ein Paradies für Wanderer.

Die »Steinerne Chronik Thüringens«

An den nordöstlichen Ausläufern, wo der Thüringer Wald in den Frankenwald übergeht, empfiehlt sich Saalfeld als »Steinerne Chronik Thüringens«. Markante Zeugnisse der Vergangenheit sind die vier Stadttore mit Teilen der mittelalterlichen Stadtbefestigung, aber auch die Burgruine Hoher Schwarm, die Johanniskirche als eine der größten gotischen Hallenkirchen im Freistaat, die romanische Hofapotheke oder das ehemalige Franziskanerkloster mit dem Stadtmuseum. Der Marktplatz mit dem prächtigen Renaissance-Rathaus und alten Bürgerhäusern des 16. bis 18. Jahrhunderts unterstreicht nachhaltig den Charakter einer Stein gewordenen Chronik.

Wo in der Nähe von Saalfeld noch bis 1850 schwarzer Alaunschiefer abgebaut wurde, empfängt den Besucher heute unter Tage die bunte Märchenwelt der Feengrotten. »Lägen diese Grotten nicht in Deutschland, sondern etwa in Amerika, wäre man längst aus aller Welt dorthin gepilgert«, meinte der Jenaer Naturwissenschaftler Ernst Haeckel 1914 bei der Eröffnung des Schaubergwerks. Jährlich machen sich Hunderttausende auf den Weg durch die schmalen Gänge zu den Höhlen mit ihren bunt schillernden Gebilden. Das Auslaugen von verschiedenen Mineralien gab den Tropfsteinen faszinierende Formen und Farben.

Für Eisenbahnfans ist Meiningen ein absolutes Muss. Bei den Dampfloktagen steht das Fachsimpeln von Besuchern und von Fachleuten hoch im Kurs (alle Bilder).

Schmalkalden
80000kg Tragf.
Deutsche Reichsbahn
98 886
99568

Unweit von Saalfeld sind mit der Burg Greifenstein bei Bad Blankenburg und der imposanten Klosterruine von Paulinzella weitere Zeugen der Geschichte zu entdecken. In südlicher Richtung tut sich jenseits des Kammweges das Schiefergebirge mit seinem Weihnachtsland aus Glas und Spielwaren auf.

Im Weihnachtsland

In den Musterzimmern der Lauschaer Christbaumschmuckhersteller ist Weihnachten ein buntes Panoptikum. Neben schlichten Glaskugeln in glänzendem Gold oder mit mattem Kristalleffekt hängt an den immergrünen Kunstbäumen so ziemlich alles, was sich durch Glasbläser gestalten lässt. Die Hauptstraße durch den lang gestreckten Ort Lauscha im Landkreis Sonneberg ist eine einzige Einkaufsmeile für Glas. Ganzjährig gibt es neben Christbaumschmuck sowie allerlei Figuren und Gefäßen mit durchaus künstlerischem Anspruch auch jede Menge Nippes und Billigware. In der Farbglashütte zeigen Glasmacher den Besuchern, wie aus der rotglühenden heißen Masse Schalen und Vasen entstehen. Über die Entwicklung des Lauschaer Glases von seinen Anfängen zu heutiger Vielfalt informiert das Museum für Glaskunst. Ein besonderes Kleinod ist die hoch über dem Tal thronende Kirche mit ihren einzigartigen Jugendstil-Fenstern.

Während im benachbarten Steinach das Schiefermuseum an 400 Jahre Schieferabbau in der Region erinnert, entführt das Deutsche Spielzeugmuseum in Sonneberg in die bunte Welt der Kinderzimmer. Die 1901 eröffnete Sammlung mit rund 100 000 Objekten von der Antike bis zur Gegenwart lässt nicht nur Kinderherzen höher schlagen. Das Prachtstück zwischen all den Teddys und Blechautos ist zweifellos die »Thüringer Kirmes« von der Weltausstellung 1910 in Brüssel. Sonneberg gehört bis heute zu den deutschen Spielzeugstandorten mit langer Tradition.

Kehrseite der Romantik

Das romantische Bild vom Weihnachtsland Thüringen hat eine dunkle Kehrseite. Spielwaren aus dem Sonneberger Raum und Christbaumschmuck aus Lauscha und Umgebung entstanden einst in billiger Heimarbeit. Über deren Qualität und Stückzahlen bestimmten seit dem 18. Jahrhundert zunehmend die Verlage von Großhändlern. Um die geforderten Mengen zu erreichen, waren in die Produktion einst alle arbeitsfähigen Familienmitglieder einbezogen. Dabei wurde die billigere Arbeitskraft von Frauen ebenso ausgenutzt wie die von Kindern. Die Entlohnung war willkürlich und geregelte Arbeitsverhältnisse galten als Ausnahme. Zwar verkauften die Verlage die Sonneberger Waren und die glänzenden Christbaumkugeln in alle Welt. Doch wenn der Verkaufserfolg ausblieb, waren durch die nahezu völlige wirtschaftliche Abhängigkeit von den Verlegern immer auch die Produzenten Leidtragende des Konkurrenzdrucks auf dem Markt.

Das weiße Winterkleid breitet tiefe Stille über die Thüringer Landschaft – am Grenzadler bei Oberhof (linke Seite) ebenso wie an der Klosterruine Paulinzella (oben). – Im Gradierwerk des Soleheilbades von Bad Salzungen (links Mitte und unten).

Auch im dunklen Winter bietet die Wartburg einen imposanten Anblick (großes Bild). Ihr heutiges Aussehen verdankt die Burg dem Wiederaufbau im 19. Jahrhundert, bei dem die erhaltenen Teile um Neubauten ergänzt wurden. – Der Elisabethengang (unten).

Der letzte Akt der deutschen Teilung

An der »Gebrannten Brücke« am Rand der Spielzeugstadt Sonneberg erinnert längst nichts mehr an den Staatsakt vom 1. Juli 1990. Wo damals feierlich das »Abkommen über die Aufhebung der Personenkontrollen an den innerdeutschen Grenzen« unterzeichnet wurde, bestimmen Gewerbegebiete und Einkaufsmärkte den Alltag. Dabei war jener Sonntag, an dem die Innenminister aus Ost-Berlin und Bonn unter freiem Himmel den letzten Akt für die deutsch-deutsche Grenze besiegelten, kaum weniger historisch als der Mauerfall selbst. Zehntausende Menschen kamen an die einstige Westgrenze in Südthüringen, um mitzuerleben, wie die 1393 Kilometer lange »Staatsgrenze der DDR« endgültig ihren langjährigen Schrecken verlor.

An die deutsche Teilung erinnern die Thüringer Grenzmuseen »Point Alpha« in der Rhön, in Mödlareuth sowie im Eichsfeld bei Teistungen und im Schifflersgrund. Naturschützer wollen mit dem »Grünen Band« den einstigen Todesstreifen als Lebenslinie für seltene Tiere und Pflanzen erhalten, die in der Abgeschiedenheit der Grenze überlebten. Der Tisch, an dem 1990 der letzte Akt eingeläutet wurde, ist mittlerweile Kneipenstammtisch – auf ehemals westdeutscher Seite.

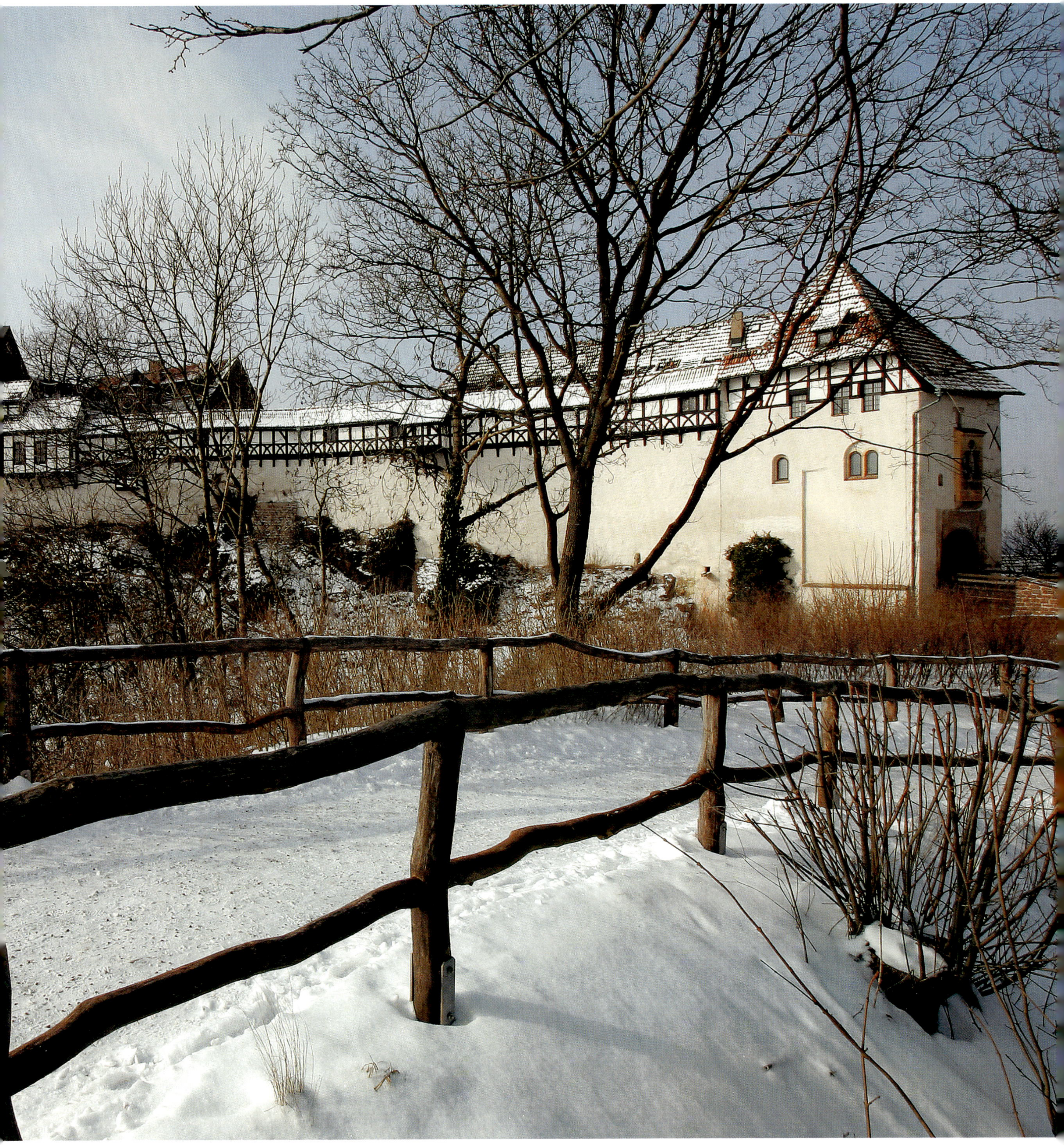

Blick über Bad Liebenstein in das Werratal.

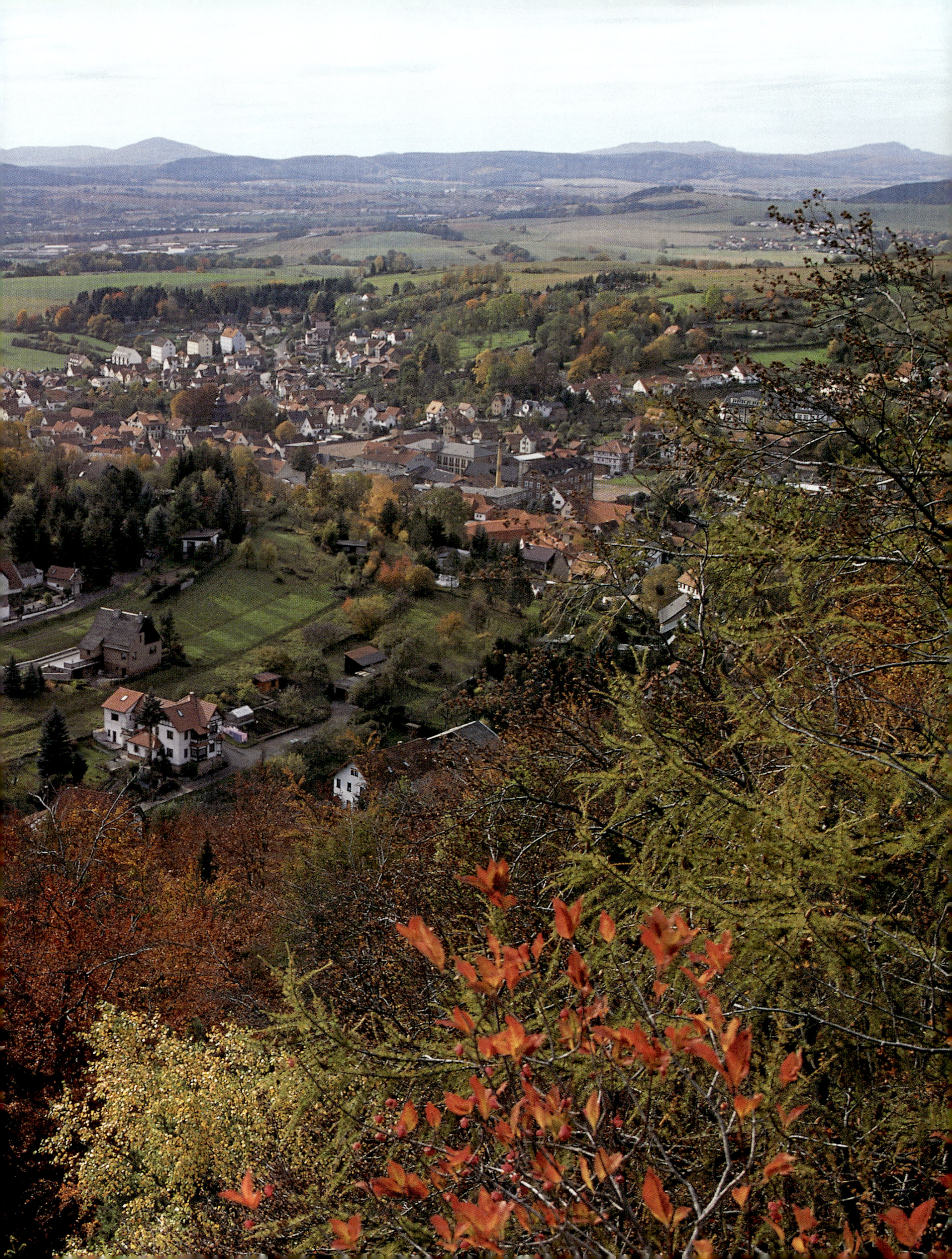

Der »Weg auf den Höh'n«

Der Rennsteig ist mehr als nur ein Wanderweg

1 Längst haben auch Biker den Rennsteig für sich entdeckt. 2 Durch hohen Wald führt der Wanderweg zum Großen Inselsberg. – 3 Mit etwas Glück lässt sich auf den Bergwiesen Wild beobachten. – 4 Der Venetianerstein bei Brotterode gehört zu den reizvollen Aussichtspunkten entlang des Rennsteigs. – 5, 6 Im Winter laden die Höhen des Thüringer Waldes zu sportlichem Ausgleich ebenso ein wie zu Schneewanderungen.

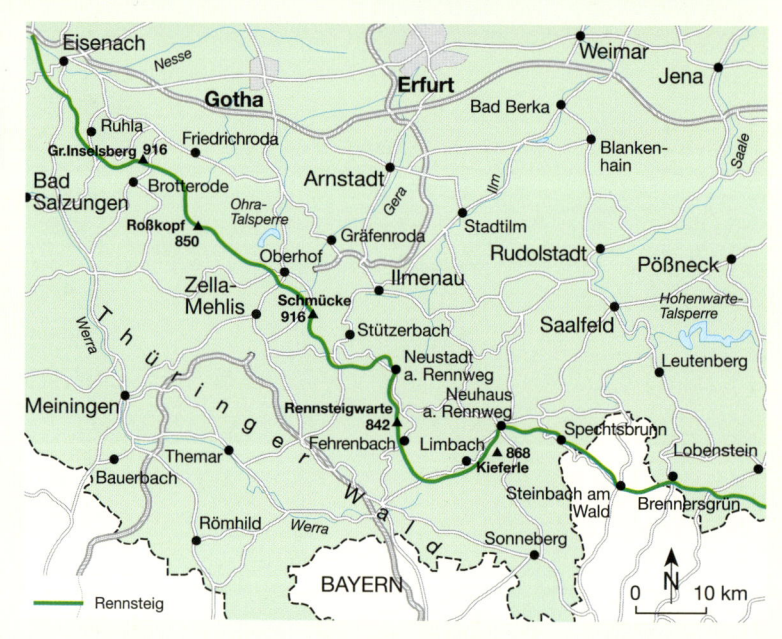

Der 28. April 1990 war für Wanderfreunde ein großer Tag: Erstmals nach fast 40 Jahren konnte der Rennsteig wieder durchgängig bewandert werden. Rund 15 Kilometer des Höhenweges zwischen Werra und Saale waren über Jahrzehnte abgeschnitten, weil sie im Frankenwald über bayerisches Gebiet führen. Erst mit dem Fall der innerdeutschen Grenze wurde die 168,3 Kilometer lange Route wieder komplett.

Der Rennsteig über den Thüringer Wald – Wasserscheide, Sprachgrenze und seit Jahrhunderten Durchzugsgebiet für Handel und Wandel – ist eines der beliebtesten Urlaubsziele in Ostdeutschland. Das »Rennsteiglied« von Herbert Roth (1926–1983) wurde und wird zwar häufig belächelt als hinterwäldlerische Heimattümelei – aber noch häufiger gesungen. Und wer sich aufmacht zu dem »Weg auf den Höh'n«, entdeckt nicht nur Wald und Natur aus nächster Nähe. Auch zahlreiche Zeugen einer langen Geschichte kommen in den Blick. Mehrere hundert Grenzsteine und 13 Drei-

144

herrensteine als Grenzpunkte von jeweils drei Landesherrschaften verweisen auf die vergangene Kleinstaaterei. An der ehemaligen deutsch-deutschen Grenze führt der Rennsteig einige Male über den einstigen Todesstreifen.

Wanderungen auf dem Höhenweg beginnen üblicherweise in Hörschel bei Eisenach und enden nach vier bis sechs Tagestouren in Blankenstein. So jedenfalls hat es sich eingebürgert, seit der 1896 gegründete Rennsteigverein mit der touristischen Vermarktung begann. Gleichwohl sind Touren in entgegengesetzter Richtung und andere Tagestouren ebenso denkbar wie die Beschränkung auf einzelne Abschnitte. Sportlichen Ehrgeiz bedienen seit 1972 die alljährlichen GutsMuths-Rennsteigläufe und ähnliche Veranstaltungen. Rekordmärsche aus den vergangenen Jahren liegen bei 28 bis 37 Stunden – für die gesamte Strecke!

Für »gewöhnliche« Wanderer allerdings sind bei fünf Etappen schon Abschnitte zwischen 25 und 45 Kilometern immer auch eine Frage der individuellen Kondition. Die Route führt auf leichten bis mittelschweren Strecken über Waldwege, Hohlwege und gelegentlich auch über asphaltierte Straßen, durch tiefe Wälder oder an moorigem Gelände vorbei. Orte links und rechts des Weges bieten Möglichkeiten zu Einkehr und Übernachtung, aber auch zum Entdecken von Thüringer Tradition und Handwerk.

Wer in Hörschel beginnt, hat bis zum Inselsberg rund 32 Kilometer vor sich. Zur Belohnung bietet der 916 Meter hohe Berg eine Fernsicht in alle Himmelsrichtungen. Im Winter bedient ein Schlepplift hier zwei Abfahrten. Ziel der zweiten Etappe ist Oberhof mit Olympiastützpunkt, Sprungschanzen, Biathlon-Stadion sowie Bob- und Rennschlittenbahn. Der Rennsteiggarten ermöglicht einen Überblick über 4000 verschiedene Gebirgspflanzen. Der nächste Abschnitt zum Kurort Masserberg führt zum Großen Beerberg, dem mit 982 Meter höchsten Thüringer Berg. Am Hochmoor mit geschützten Pflanzen gewährt ein Aussichtsturm Fernsichten. Am Südhang erinnert »Plänckners Aussicht« an den »Vater der Rennsteig-Wanderung«, Julius von Plänckner (1791–1858).

Auf der vierten Etappe über Limbach und Neuhaus am Rennweg nach Ernstthal begegnet der Wanderer traditionellen Orten der Thüringer Glas- und Porzellanherstellung. Mitten im Wald liegt mit Friedrichshöhe die kleinste Gemeinde des Freistaates. Auf dem letzten Abschnitt nach Blankenstein wird schließlich der Naturpark Ostthüringer Schiefergebirge/Obere Saale erreicht.

Planen, Reisen, Genießen

Größe/Lage/Naturraum

In der Mitte Deutschlands gelegen, bietet Thüringen seinen Besuchern eine abwechslungsreiche Landschaft. Das kleinste ostdeutsche Bundesland mit gut zwei Millionen Einwohnern ist von fünf Ländern umgeben – Niedersachsen, Sachsen-Anhalt, Sachsen, Bayern und Hessen. Auf rund 16 000 Quadratkilometern vereint der Freistaat raue Mittelgebirge und fruchtbare Auenlandschaften, ausgedehnte Wälder und weite hügelige Ebenen. Bestimmendes Merkmal ist der Höhenzug des Thüringer Waldes und des Schiefergebirges, der das Land von Nordwesten nach Südosten durchzieht. Nördlich davon breitet sich bis zum Eichsfeld und zum Südharz das Thüringer Becken aus, das seit Jahrhunderten von Obstbau und Landwirtschaft geprägt ist. Jenseits des Rennsteigs geht nach Südwesten die Landschaft in die Rhön und ins Grabfeld über. Im Nordwesten begrenzt das Tal der Werra den Freistaat, während sich im Nordosten das Land zur Leipziger Tieflandsbucht hin öffnet. Von Hirschberg an der Landesgrenze zu Bayern bis kurz vor Naumburg in Sachsen-Anhalt ist Thüringen von der Saale durchzogen. An ihren Ufern zeugen Burgen und Schlösser von bewegter Geschichte und reift so manche Rebe für einen guten Tropfen Wein.

Der Marktbrunnen von Suhl.

Wasserwandern in Thüringen.

Klima/Reisezeit

Thüringen ist zu jeder Jahreszeit Reiseland. Die sommerlichen Höchsttemperaturen liegen selten für längere Zeit über 25 Grad Celsius, wobei die Regenwahrscheinlichkeit in den Bergen größer ist als im flachen Land. Obwohl der Thüringer Wald mit dem Großen Beerberg als höchstem Punkt immer knapp unter 1000 Höhenmetern bleibt, ist es in den Kammlagen durchschnittlich um bis zu fünf Grad kälter als in den anderen Landesteilen. Was in den Sommermonaten als Regen fällt, kommt zwischen November und Februar zumeist als Schnee vom Himmel – zumindest in Lagen ab 600 Meter.

Anreise

Dank seiner zentralen Lage ist Thüringen aus allen Richtungen gut zu erreichen. Bis zur Landeshauptstadt Erfurt sind es per Auto oder Bus von Berlin rund 320 Kilometer, Düsseldorf ist etwa 370 Kilometer entfernt, Dresden 220, Leipzig knapp 150, München etwa 420, Hamburg 360 und Frankfurt 260 Kilometer. Der Flughafen in Erfurt

Auf geht's mit der Dampfeisenbahn.

bietet zahlreiche innerdeutsche Linienflüge und ist darüber hinaus Ausgangs- und Zielpunkt mehrerer Ferienflieger. Die Autobahnen A 4 (Frankfurt/M.–Dresden) und A 9 (Berlin–München) wurden seit 1996 schrittweise durch die Thüringer-Wald-Autobahn ergänzt. Auf der A 71 als der westlichen Trasse rollt seit Ende 2005 der Verkehr zwischen Erfurt und dem bayerischen Schweinfurt. Der östliche Strang, die A 73 von Suhl über Coburg und Lichtenfels nach Bamberg in die Weltkulturerbestadt soll ab 2008 durchgehend befahrbar sein. Bis 2010 ist die nördliche Verlängerung der A 71 von Erfurt bis zur Südharz-Autobahn A 38 vorgesehen, die bis dahin das südliche Niedersachsen mit dem Großraum Halle/Leipzig

An der Autobahn bei den Drei Gleichen.

verbindet. In Thüringen quert sie das Eichsfeld nordöstlich von Heiligenstadt und die Region um Nordhausen.

Entlang der Autobahnen und Bundesstraßen erleichtert ein touristisches Leitsystem mit braunen Tafeln und Wegweisern die Suche nach markanten Orten, Regionen und Sehenswürdigkeiten. Zum flächendeckend gut ausgebauten Bahnnetz gehören im Fernverkehr ICE-Bahnhöfe in Eisenach, Erfurt, Weimar, Jena und Saalfeld. Regionale Anbieter ergänzen den Nahverkehr auf Schiene und Straße. Sehenswerte Besonderheiten sind die Thüringer Waldbahn, die den Gast in gemächlicher Fahrt von Gotha über Waltershausen bis nach Tabarz und Friedrichroda bringt, und die Bergbahn in Oberweißbach. Die zwischen 1919 und 1923 errichtete Standseilbahn westlich von Saalfeld gilt mit 25 Prozent Steigung als die steilste Bahn zum Transport normalspuriger Eisenbahnwagen. Auf 1400 Metern zwischen der Talstation Obstfelderschmiede und der Fröbelstadt Oberweißbach werden 300 Meter Höhenunterschied überwunden.

Auskunft

Ansprechpartner für alle Fragen im Zusammenhang mit einem Thüringen-Besuch ist das Thüringen Tourismus Service Center in D-99099 Erfurt, Weimarische Straße 45. Das Servicetelefon unter der Rufnummer 03 61/3 74 20 ist montags bis freitags von 9 bis 20 Uhr sowie samstags und sonntags von 9 bis 14 Uhr besetzt. Hier können über ein landesweites Reservierungssystem Übernachtungen in mehr als 800 Hotels, Pensionen, Ferienwohnungen und Ferienhäusern gebucht werden. Darüber hinaus ermöglicht die Seite www.thueringen-tourismus.de im Internet einen umfassenden Überblick über touristische und kulturelle Angebote. E-Mail-Anfragen sind unter service@thue-

Thüringen – ein Wintermärchen.

ringen-tourismus.de möglich. Wertvolle Hinweise für einen Aktivurlaub im Freistaat gibt es unter der Adresse www.aktiv-in-thueringen.de. Allgemeine Informationen über Land und Leute mit Verweisen auf einzelne Städte und Regionen bietet das Internet-Portal www.thueringen.de.

Einkaufen

Der wirtschaftliche Neubeginn hat Thüringen – wie den anderen ostdeutschen Bundesländern auch – seit 1990 zahlreiche große Einkaufszentren auf der grünen Wiese beschert. Doch bald besannen sich Händler und Kunden wieder auf die Städte. Alte Straßenzüge wurden liebevoll renoviert und in neue Erlebnisbereiche fürs Flanieren und Shoppen verwandelt. Die Erfurter Einkaufsmeile am Anger bietet für unterschiedlichste Interessen und jede Preisklasse etwas. In den chicen Läden und Boutiquen etwas abseits darf es durchaus etwas teurer sein. Die Goethegalerie in Jena mit ihrem Branchenmix aus Mode, Büchern, Dienstleistungen und Gastronomie entstand durch die Umwandlung des einstigen Zeiss-Kombinats in einen pulsierenden innerstädtischen Treffpunkt. Im ostthüringischen Gera ist die alte Einkaufsstraße »Sorge« nach Sanierung und Umbau wieder lebendiger Mittelpunkt der Stadt.

Fiaker klappern über das historische Pflaster von Weimar.

Freizeit/Urlaub

Statistiker haben bestätigt, was die Tourismusbranche längst weiß: Thüringen ist nach wie vor ein bevorzugtes Urlaubsziel. Während Geschäftsreisen oder Tagungen eine vergleichsweise geringe Rolle spielen, steht der Erholungsurlaub hoch im Kurs, gefolgt von Kultur- und Städtereisen. Auf die damit verbundenen Erwartungen seiner Gäste ist das Land gut vorbereitet. Über 16 000 Kilometer markierte Wanderwege durchziehen den Freistaat, darunter der Rennsteig mit 168 Kilometern, der Thüringen-Wanderweg über 440 Kilometer von Creuzburg an der Werra nach Altenburg, der Rundwanderweg an Saale und Orla mit 311 Kilometern in zwölf Etappen, über 50 Kilometer Karstwanderwege im Südharz und der Barbarossaweg am Kyffhäuser. Über 130 Anbieter werben bereits mit dem Prädikat »Wanderfreundliche Unterkunft« um Gäste. Darüber hinaus kommen Radwanderer auf 1700 Kilometern ausgebauter Radwege auf ihre Kosten – an Saale, Ilm und Werra ebenso wie entlang des Rennsteigs oder in der Rhön. Zahlreiche Themenstraßen vermitteln Kulturgeschichte sozusagen im Vorbeifahren. Die Klassikerstraße verweist auf die großen geistigen Traditionen, während die Porzellanstraße, die Spielzeugstraße und die Schieferstraße an alte Erwerbszweige erinnern. Die Bier- und Burgenstraße spricht ebenso für sich wie die Weinstraße Saale-Unstrut. Wieder andere Aspekte werden mit der Deutschen Märchenstraße, der Fachwerkstraße oder der Reußischen Fürstenstraße lebendig. Schließlich ist die Erlebnisstraße der deutschen Einheit eine ständige Erinnerung an die Jahrzehnte der Teilung entlang der thüringischen Landesgrenze. An der Autobahn A 4 sind die Städte Eisenach, Gotha, Erfurt, Weimar, Jena und Gera wie auf einer Perlenschnur aneinander gereiht.

Snowboarder im Fun Park Heubach.

Stadtansicht von Dermbach in der Rhön.

Wanderer auf dem Gebaberg.

Für Städtereisen empfehlen sich aber auch Schmalkalden und Meiningen, Suhl und Ilmenau, Arnstadt, Rudolstadt und Saalfeld oder Greiz und Altenburg.

Sport

Die Angebote für Aktivurlaub reichen im Sommer vom klassischen Wandern über Golf und Nordic Walking bis zu Wildwasser-Rafting und Klettern in Hochseilgärten. Den besonderen Adrenalin-Kick ermöglicht das Rennsteig-Outdoor-Center bei Steinach mit 20 Kletterstationen neun Meter über dem Erdboden. Im Winter lädt oberhalb der Kleinstadt bei Sonneberg die Skiarena ein. Die Anlage auf dem 842 Meter hohen Fellberg gilt als eines der schneesichersten Gebiete in Mitteldeutschland und bietet die einzigen alpinen Pisten weit und breit. Je nach Fahrertyp stehen Familien- oder Steilhänge mit einer Neigung zwischen fünf und 63 Prozent zur Verfügung. Die Gesamtstrecke von 4500 Metern überwindet einen Höhenunterschied von 260 Metern. Doch wer es gemächlicher mag, findet im Thüringer Wald neben Abfahrtshängen zwischen Inselsberg und Schiefergebirge Skiwanderwege von über 1800 Kilometern Länge und rund 200 Kilometer gespurte Loipen.

Feste/Feiertage

Thüringer feiern nahezu das ganze Jahr über. Nach der närrischen Jahreszeit nicht nur in

Spaziergang durch Weimar

Die Highlights auf einen Blick

Der redselige Hotelkellner in Thomas Manns »Lotte in Weimar« von 1939 wusste es längst: »Unsere Größe beruht im Geistigen.« Auch Egon Erwin Kisch kam 1926 in seiner Satire »Naturschutzpark der Geistigkeit« nicht umhin, der Stadt eine gewisse Anerkennung zu zollen: »Die Museen – hier ist jedes Haus ein Museum oder ein Gedenkhaus – sind nur Pavillons des großen Museums, das Weimar heißt.« So bietet schon ein kurzer Rundgang immer auch Abstecher zu Häusern und Plätzen, wo der Geist des Ortes besonders deutlich zu spüren ist. Nach dem Auftaktfoto des Dichterpaares Goethe und Schiller auf dem Sockel vor dem Deutschen Nationaltheater geht es durch die Schillerstraße mit dem Wohnhaus des Dichters. Der Brunnen gegenüber ist eine Kopie des Gänsemännchenbrunnens in Nürnberg. Am Ende der Fußgängerzone weitet sich nach rechts der Blick zum Frauenplan mit Goethes Wohnhaus. Zwischen dem Museum und dem »Gasthaus zum weißen Schwan« führt die Seifengasse zum Haus der Frau von Stein, deren innige Beziehung zu Goethe immer wieder zu neuen Spekulationen anregt.

Gegenüber lädt der Park an der Ilm mit beschaulichen Wegen entlang des Flusses sowie zu Goethes Gartenhaus und zum Römischen Haus ein. Zur Stadtseite wird der Park am Platz der Demokratie von der Herzogin Anna Amalia Bibliothek begrenzt. Der historische Bau mit dem berühmten Rokokosaal soll drei Jahre nach der Brandkatastrophe vom September 2004 wiederhergestellt sein.

Nur wenige Schritte entfernt ist das Residenzschloss mit seinen umfangreichen Kunstsammlungen. Hinter dem Schloss führt die Vorwerksgasse auf den Herderplatz mit der Stadtkirche. Von hier aus sind es durch Rittergasse und Zeughof nur wenige Meter zum Theaterplatz mit Wittumspalais und Bauhaus-Museum.

Das Deutsche Nationaltheater in Weimar.

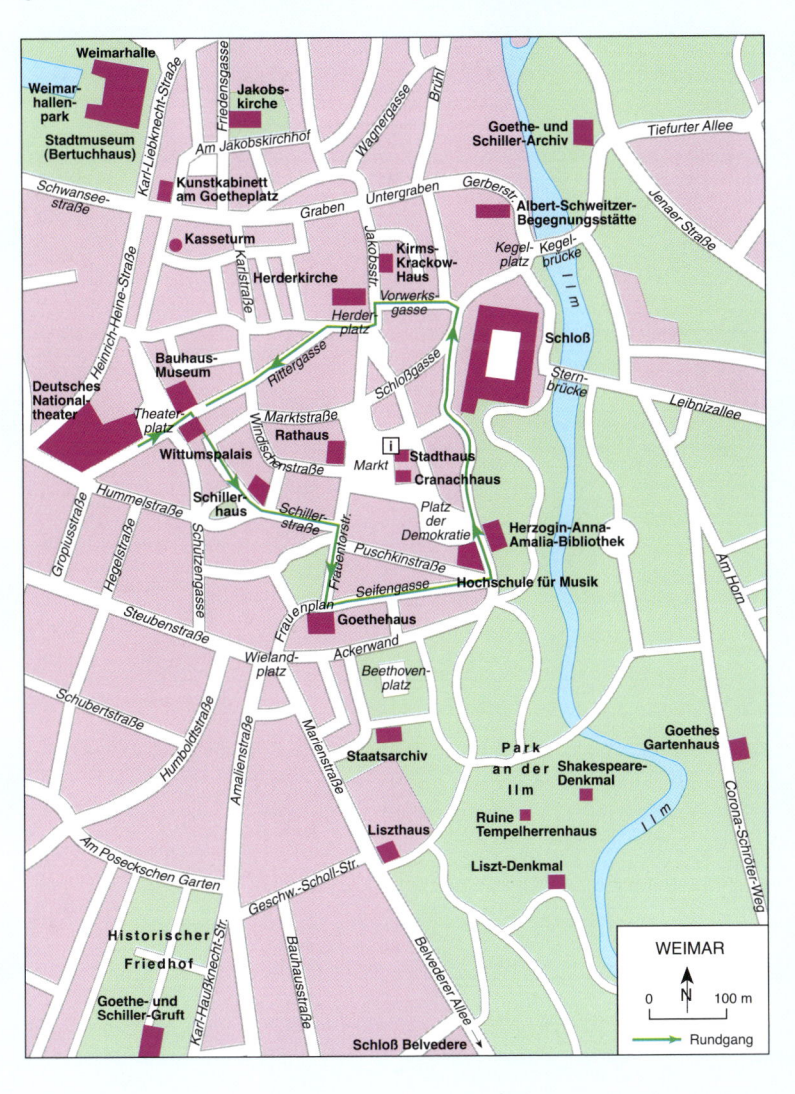

Rathaus zu Weimar in festlichem Schmuck.

Thüringen für Eilige und Entspannte

Fünf Tourenvorschläge durch den Freistaat

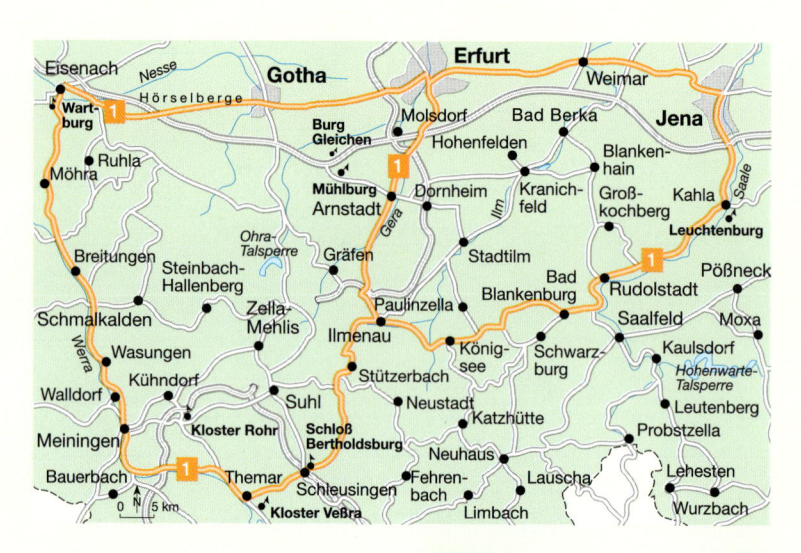

Eilige schaffen Thüringen in gut zwei Stunden. Bei einer Fahrt auf der Autobahn zwischen Eisenach im Westen und Schmölln an der Landesgrenze zu Sachsen kommen Berge und Burgen ebenso in den Blick wie weite Täler und ausgedehnte Wälder. Doch insgesamt bleiben nur flüchtige Bilder. Wie überall erschließt sich auch in Thüringen die Vielfalt von Land und Leuten erst bei entspannten Touren durch die unterschiedlichen Regionen.

Tour 1: Highlights auf 300 Kilometern

Mit der »Klassikerstraße Thüringen« ist die Region nach Jahrzehnten der Randlage selbstbewusst in die Mitte Deutschlands zurückgekehrt. Auf rund 300 Kilometern verbindet die touristische Ferienstraße nahezu alle wichtigen Orte, die für Thüringer Traditionen stehen und an bedeutende Persönlichkeiten erinnern. Wie auf einer Perlenkette sind die Städte Eisenach, Gotha, Erfurt, Weimar und Jena aneinander gereiht. Südlich von Jena führt die Route durch das Saaletal in die einstige Residenz Rudolstadt und weiter nach Ilmenau. Von hier aus ist über Arnstadt eine Rückkehr zur Landeshauptstadt Erfurt möglich. Komplett ist die Klassikerstraße jedoch erst mit dem südlichen Teil von Ilmenau über den Thüringer Wald und die Theaterstadt Meiningen entlang der Werra über die Karnevalshochburg Wasungen zurück nach Eisenach.

Tour 2: Saaleland – Vogtland – Holzland – Osterland

Die Route durch Ostthüringen vereint unterschiedliche Landschaften von jeweils ganz eigener Atmosphäre. Herzstück des Saalelandes südlich von Saalfeld sind der Hohenwarte- und der Bleilochstausee. Das Paradies für Camper, Surfer und Segler umgibt ein ausgedehntes Netz von Wanderwegen. Östlich der Autobahn A 9 bei Hirschberg erinnert das deutsch-deutsche Grenzmuseum Mödlareuth mit Mauer, Wachturm und Grenzstreifen an die jahrzehntelange Teilung des Dorfes durch die Grenze nach Bayern. In Richtung Norden führt der Weg durch Dörfer, Städte und Wälder des Thüringer Vogtlandes und des Holzlandes bis nach Eisenberg. Über Bad Köstritz, Gera und Ronneburg geht es schließlich in den »fernen Osten« Thüringens im Altenburger Land.

Tour 3: Fachwerkhäuser und Rhönschafe

Die Orte entlang dieser Route sind Spiegelbilder einer jahrhundertelangen und oft wechselvollen Geschichte südlich des Rennsteigs.

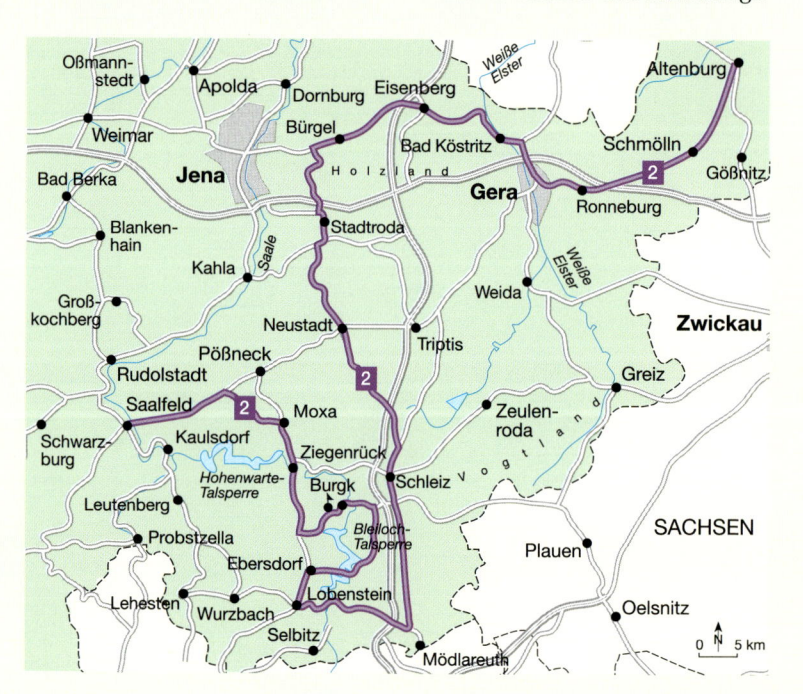

Tour 4: Nordthüringen und Südharz

Erste Station auf der Tour nach Norden ist unweit von Eisenach der einzige Nationalpark Thüringens, der Hainich. Auf einem Baumkronenpfad in 30 Metern Höhe über den Wipfeln erwarten den Besucher unvergleichliche Ausblicke. Der weitere Weg verläuft über Bad Langensalza und die alte Reichsstadt Mühlhausen ins Eichsfeld. In dem katholisch geprägten Gebiet unterscheiden sich Tradition und Lebensweise deutlich von den anderen Landstrichen

Von der Fachwerkromantik in Suhl-Heinrichs aus führt der Weg zur Kirchenburg Rohr, auf den Dolmar zur Johanniterburg und anschließend über Walldorf durch das »Land der offenen Fernen« in der Rhön. Weitere Stationen sind Kaltennordheim, das Barockkloster Zella und das Schnitzerdorf Empfershausen, bevor bei Geisa mit dem Grenzmuseum »Point Alpha« erneut die Geschichte der deutschen Teilung in den Blick kommt. Hier standen sich einst NATO und Warschauer Pakt unmittelbar gegenüber. Über Vacha, Dermbach und Wernshausen führt der Weg in die Fachwerkstadt Schmalkalden mit der majestätischen Wilhelmsburg.

Deutlich ragt das Lanschaftsschild aus der morgendlichen Nebelstimmung im Nationalpark Hainich (oben links).
Ein Pfahlhaus in einem See in den Plothener Teichen (oben rechts).

des Freistaates. Östlich von Heiligenstadt führt die Route durch den Südharz um Nordhausen zum Kyffhäuser, dem kleinsten Mittelgebirge Deutschlands. In Bad Frankenhausen erinnert das Panoramagemälde von Werner Tübke aus dem Jahr 1987 an den Bauernkrieg von 1525. Abstecher zur Wasserburg Heldrungen und zur Fundstätte eines Rastplatzes von Jägern aus der Altsteinzeit bei Bilzingsleben sind lohnenswert. Auf der Tour über Sondershausen in Richtung Mühlhausen biegt in dem kleinen Ort Körner die Straße nach Volkenroda ab. Dort fand der auf der EXPO 2000 in Hannover errichtete Christus-Pavillon seinen endgültigen Platz in einer romanischen Klosteranlage.

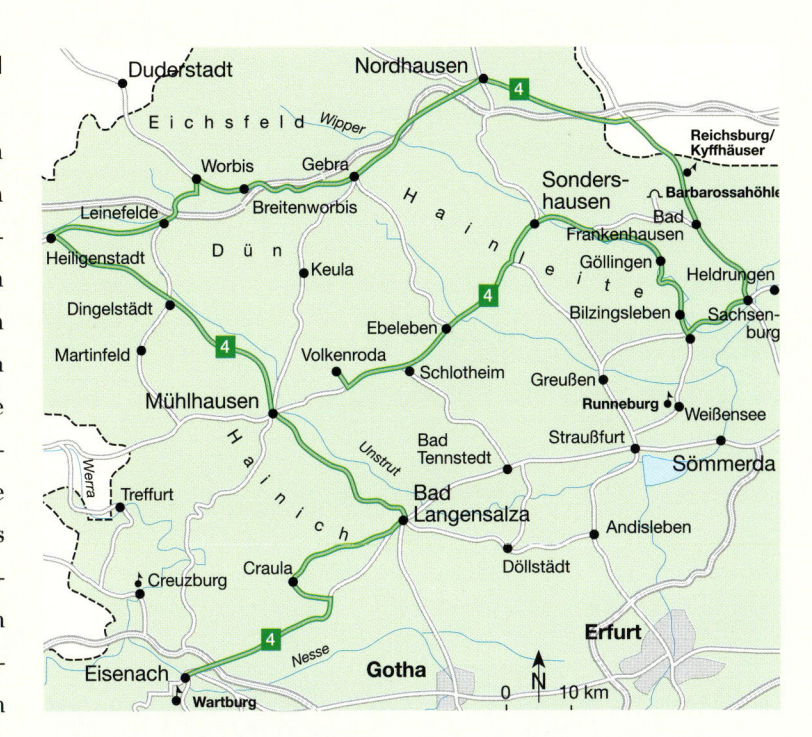

Tour 5: Mit dem Kanu durchs Grenzland an der Werra

Die Wiedervereinigung hat auch das Wasserwandern auf dem alten Grenzfluss Werra zwischen Thüringen und Hessen neu belebt. Eine Kanutour von Bad Salzungen in das Stockmacherdorf Lindewerra führt abwechselnd durch beide Bundesländer und über weite Strecken vorbei an unberührter Natur. Zudem kommen immer wieder Burgen und andere historische Bauwerke in den Blick – von der Werra-Brücke zwischen Vacha und Philippsthal über die Burgruine Brandenburg bei Lauchröden bis zur Liborius-Kapelle in Creuzburg oder Burg Normannstein in Treffurt. Bei Lindewerra schließlich verabschiedet sich der Fluss endgültig ins Hessische.

Wasungen gibt zum Frühlingsbeginn der Sommergewinn in Eisenach den Auftakt für viele Volks-, Heimat- und Trachtenfeste in nahezu allen Regionen. Gotha erinnert alljährlich mit dem Gothardusfest an seinen mittelalterlichen Stadtpatron. Im Juni entfaltet sich immer zum Erfurter Krämerbrückenfest ein buntes Treiben in der Altstadt. Auf zahlreichen Thüringer Burgen wird mit Ritterspielen und zünftigen Bräuchen das Mittelalter lebendig.
Als neue Open-Air-Spektakel bereichern im Sommer das Luther-Fest in Eisenach und der Altenburger »Prinzenraub« das umfangreiche Angebot. Weit über Thüringen hinaus bekannt ist schließlich der Weimarer Zwiebelmarkt Anfang Oktober.

Gesundheit

Bei allem Reichtum an Natur und Kultur setzt Thüringen verstärkt auf Angebote für Gesundheit und Wellness. Neben den Kurorten haben mittlerweile auch zahlreiche Hotels und Erlebnisbäder spezielle Wellness-Angebote im Programm. Erste regionale Bäderverbände entstanden bereits im 19. Jahrhundert. Gegenwärtig zählt der Thüringer Heilbäderverband über 20 Mitglieder, zu denen auch Luftkurorte, heilklimatische Kurorte und Kneippkurorte gehören. In Bad Berka begann das Badeleben 1813 auf Veranlassung des Weimarer Herzogs Carl August und unter Mitwirkung seines Staatsministers Goethe.
Bad Blankenburg am Tor zum romantischen Schwarzatal bietet als einer der ältesten Thüringer Kurorte neben Heilbädern auch Kneippkuren.
In Bad Colberg in Südthüringen bringt jeweils Ende August die Thüringer Montgolfiade mit Fahrten im Heißluftballon über den Thüringer Wald etwas Abwechslung in den Kurbetrieb. Eine Besonderheit in mehrfacher Hinsicht ist die 1999 eröffnete Toskana Therme in Bad Sulza. Deren Licht- und Klangsystem »Liquid Sound« lässt einen erholsamen Besuch im 33 Grad Celsius warmen Thermalwasser des Badetempels mit seiner auffallend modernen Architektur zu einem unvergesslichen Erlebnis werden. Das ganzheitliche Harmonie-Erlebnis war anerkanntes Projekt im Rahmenprogramm der Weltausstellung »Expo 2000« in Hannover.

Wintersport von Huskyrennen ...

... bis »Snowtubing« mit aufgeblasenen Autoreifen.

Kultur

Für Kulturreisen bietet Thüringen mannigfache Anknüpfungspunkte. Wer musikalisch interessiert ist, kann sich beispielsweise auf die Spuren Johann Sebastian Bachs begeben. Als Startpunkt eignet sich die Geburtsstadt Eisenach mit der Georgenkirche als Taufkirche, dem Bachhaus als dem ältesten Museum für den großen Musiker und dem Denkmal am Frauenplan. Weitere

Um Thüringer Klöße geht es beim Meininger »Hütesfest« (oben). – Die neue, moderne Weimarhalle in der Klassikerstadt (links).

»Sommergewinn« in Eisenach (oben). Eine Töpferei in Bürgel (Mitte). – Musiker beim bekannten Mittelalterfest auf der Leuchtenburg (unten).

Wirkungsstätten im Freistaat sind die nach ihm benannte Kirche in Arnstadt, die Divi-Blasii-Kirche in Mühlhausen und das Weimarer Schloss. Die als Himmelsburg bekannte Schlosskapelle fiel jedoch dem großen Schlossbrand im 18. Jahrhundert zum Opfer. Auf Spuren Goethes in Thüringen zu verweisen erübrigt sich beinahe, da der weimarische Staatsbeamte in dienstlichen Angelegenheiten in nahezu allen Regionen unterwegs war. An den Reformator Martin Luther erinnert neben Eisenach, Erfurt und Schmalkalden in besonderer Weise auch der kleine Ort Möhra bei Eisenach. Bis heute verweist der mehrfach vertretene Name Luther darauf, dass das Dorf über Jahrhunderte Stammort der weit verzweigten Familie war. Doch nicht nur an Orten der Erinnerung ist Thüringer Kultur lebendig. Zu den etablierten Festivals gehören die Thüringer Bachwochen im März, der Orgelsommer im Juni/Juli, das Kunstfest Weimar im August/September und der Güldene Herbst mit alter Musik Ende September/Anfang Oktober. Hinzu kommen die Jenaer Kulturarena mit Musik und Theater (Juli/August), das Tanz&FolkFest in Rudolstadt (Juli), die Domstufenfestspiele in Erfurt (August/September) sowie zahlreiche Konzerte auf Burgen und Schlössern, in Kirchen, Konzertsälen und unter freiem Himmel im Musiksommer des Mitteldeutschen Rundfunks (mdr) zwischen Juli und September.

Museen

Die über 140 Museen im Freistaat sind nicht nur eine Empfehlung als Schlechtwettervariante. Die zahlreichen Heimatmuseen dokumentieren die enge Verbundenheit der Menschen mit ihrer Region und Tradition. Darüber hinaus gibt es viele Einrichtungen, die nicht selten im weiten Umkreis einzigartig sind. Wie etwa das Kloßmuseum in Heichelheim bei Weimar, das die Geschichte des Thüringer Grundnahrungsmittels anschaulich illustriert. In Cospeda wird die historische Schlacht auf den Höhen

153

zwischen Jena und Auerstedt im Napoleonischen Krieg von 1806 lebendig. Typische Erwerbszweige wie die Schieferindustrie, die Spielzeugproduktion oder die Glasherstellung werden in Steinach, Sonneberg und Lauscha dargestellt. Die Grenzmuseen in Geisa, Mödlareuth, Teistungen und im Schifflersgrund sind der deutschen Teilung und ihren Auswirkungen auf die Menschen in Thüringen gewidmet. Unter den Kunstsammlungen verdienen neben den Schlossmuseen in Weimar, Gotha und Rudolstadt ferner das Lindenau-Museum in Altenburg, das Panorama-Museum Bad Frankenhausen und die Sammlung mittelalterlicher Kunst in Eisenach besondere Beachtung. An Dichter, Musiker, Künstler und andere bedeutende Persönlichkeiten erinnern Einrichtungen in Weimar, Eisenach, Bad Köstritz, Mühlhausen und Heiligenstadt. Unter den volkskundlichen Museen sind die Freilichtmuseen in Hohenfelden und in Kloster Veßra von besonderem Reiz. Das Deutsche Bienenmuseum in Oberweimar eröffnet einen faszinierenden Einblick in den komplexen Mikrokosmos der Insekten. Die Welt der Sterne macht das Planetarium in Jena aus nächster Nähe erlebbar. Anfänge der Zivilisation dokumentieren das Museum für Ur- und Frühgeschichte in Weimar und das Steinsburgmuseum in Römhild.

Empfehlenswert ist ein Besuch der Puppensammlung des Schlossmuseums »Mon plaisir« in Arnstadt (oben) und des Spielzeugmuseums in Sonneberg (rechts). – Erholsam: die Plothener Teiche (oben Mitte).

Naturparks

Für Naturfreunde ist Thüringen geradezu ein ideales Ziel. Neben zahlreichen kleineren Landschafts- und Naturschutzgebieten stehen Flora und Fauna in mehreren Biosphärenreservaten und Naturparks unter besonderem Schutz. Zudem liegt mit dem Hainich der jüngste deutsche Nationalpark auf Thüringer Gebiet. Das Vessertal mitten im Thüringer Wald bei Suhl wurde bereits 1979 als eines der ersten deutschen Biosphärenreservate von der UNESCO anerkannt. Im Biosphärenreservat Rhön hat sich in der Abgeschiedenheit der innerdeutschen Grenze ein bemerkenswerter Naturraum erhalten. Der Naturpark Eichsfeld-Hainich-Werratal erstreckt sich von Heiligenstadt im Norden bis Eisenach im Süden und von der Landesgrenze zu Hessen bis nach Mühlhausen im Osten. Das Eichsfeld prägen großflächige Hochplateaus und tiefe Täler. Im Naturpark Thüringer Wald zwi-

Mittelalterliche Einkehr: Der »Klausenhof« unterhalb der Burgruine Hanstein (links). – Leinwandvillen auf dem Campingplatz Mühlberg (rechts).

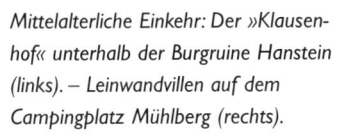

schen Eisenach, Sonneberg und Saalfeld bestimmen dunkelgrüne Fichtenwälder, rauschende Buchenwälder und kleinwüchsiger Moorwald das Bild.

Das angrenzende Schiefergebirge, das mit der Region Obere Saale einen weiteren Naturpark bildet, sorgt mit fünf Naturräumen für abwechslungsreiche Landschaftsbilder. Sie reichen von dichten Wäldern über tiefe Bachtäler und große Stauseen bis hin zum Plothener Teichgebiet mit mehreren hundert Teichen zwischen sanften Hügeln.

Über ein weit angelegtes Wanderwegenetz verfügt schließlich auch der Naturpark Kyffhäuser rund um das kleinste deutsche Mittelgebirge in Nordthüringen.

ThüringenCard

Seit Einführung der Thüringen-Card im Dezember 2003 erfreut sich die erste elektronische Gästekarte für ein ganzes Bundesland wachsender Beliebtheit. Nach dem Start mit 120 Partnern haben sich mittlerweile über 170 Museen, Burgen, Schlösser, Zoos und Gärten sowie zahlreiche Erlebnisbäder und Freizeiteinrichtungen dem Verbund angeschlossen.

Das nach unterschiedlicher Geltungsdauer zwischen 24 Stunden und sechs Tagen gestaffelte Angebot ermöglicht den Besuchern freien Eintritt unter anderem auf der Wartburg, im Rennsteiggarten Oberhof, in den Klassikerstätten Weimars oder auch im Deutschen Spielzeugmuseum Sonneberg. Aktualisierte Jahresübersichten können im Internet unter www.thueringencard.info abgerufen werden.

Unterkunft

Thüringen-Besuchern stehen Gästebetten in jeder Kategorie und in ausreichender Anzahl zur Verfügung. Knapp 500 Hotels, fast ebenso viele Gasthöfe und über 200 Pensionen sind ständig um die Gunst der Gäste bemüht. Hinzu kommen zahlreiche Erholungs- und Ferienheime, Jugendherbergen und rund 60 Campingplätze.

Kinderfreundliche Angebote für einen erholsamen Familienurlaub in den Bergen fehlen ebenso wenig wie ausreichend Urlaubsplätze auf dem Land oder auf einem Reiterhof.

Menschen, Orte, Begriffe

Menschen

Abbe, Ernst 35, 56
Althaus, Dieter, Ministerpräsident 20
Anna Amalia, Herzogin 29, 34, 60
Anschütz, Ernst Gebhard Salomon 35

Bach, Johann Sebastian 34, 35, 42, 49, 106, 127, 152
Bach, Maria Barbara 42
Bahr, Hermann 62

Wasserwandern auf Thüringer Flüssen – hier die Unstrut – begeistert viele.

Barbarossa, Kaiser 116
Baumbach, Rudolf 35
Becher, Johannes R. 116
Bechstein, Ludwig 22, 35, 36
Bodenstein, Andreas 109
Bonifatius 20, 38, 41
Brehm, Alfred Edmund 88
Brehm, Christian Ludwig 88
Brentano, Clemens von 65
Brockhaus, Friedrich Arnold 90

Carl Alexander, Großherzog 14, 15
Carl August Großherzog 21, 61, 63, 74, 152
Charlotte von Lengefeld 97
Cranach d. Ä., Lucas 20
Cranach, Lucas 29, 73, 122

Dacheröden, Karl Friedrich von 38
Dalberg, Karl Theodor von 38, 39, 41
Dix, Otto 87

Ebert, Friedrich 29
Ekhof, Konrad 51

Elisabeth (Heilige) 15, 19, 34
Elisabeth, Landgräfin 20, 41
Ernst August I., Herzog 102
Ernst I. der Fromme, Herzog 50

Feininger, Lyonel 35, 69
Fichte, Johann Gottlieb 65
Finger, Heinz 104
Freiligrath, Ferdinand 60
Freytag, Gustav 41

Frick, Wilhelm 21
Friedrich der Weise, Kurfürst 20, 23, 122
Fröbel, Friedrich 35

Gabelentz, Hans Carl Leopold von der 90
Georg II., Herzog 131
Goethe, Johann Wolfgang von 6, 21, 29, 34, 38, 60, 61, 62, 63, 65, 67, 72, 74, 80, 81, 95, 97, 122, 149, 152, 153
Gotter, Gustav Adolph von, Graf 49
Grillparzer, Franz 62
Gropius, Walter 68, 69
Gutenberg, Johannes 45
GutsMuths, Johann Christ. F. 130

Haeckel, Erich 66
Haeckel, Ernst 135
Hardenberg, Friedrich von 65
Heckel, Erich 38
Hegel, Georg Wilhelm Friedrich 62
Heine, Heinrich 62
Herder, Johann G. von 29, 34, 95
Hermann I., Landgraf 20
Hessus, Eobanus 45
Hoffmann, Heinrich 130
Hölderlin, Friedrich 62
Hufeland, Johann Friedrich 65
Humboldt, Wilhelm von 38

Johann Friedrich 29
Johann Friedrich I. 21
John, Eugenie 35

Kandinsky, Wassily 69
Kisch, Egon Erwin 62, 149
Klee, Paul 69
Knöpfer, Otto 49
Kost, Hedwig 26, 27
Krohne, Gottfried Heinrich 49

Lindenau, Bernhard von 90, 97
Liszt, Franz 35

Blumenfest in Mühlhausen

Loder, Justus Christian 65
Ludwig der Springer 20
Ludwig IV., Landgraf 20, 34
Luther, Dr. Martin 14, 15, 20, 29, 44, 45, 107, 109, 122, 127, 128, 153

Macheleid, Georg Heinrich 94, 127
Mahler, Alma 68
Mann, Thomas 149
Marcks, Gerhard 69
Mayenburg, Michael 107
Mayenburg, Michael 107
Mendelssohn-Bartholdy, Felix 62
Meyer, Joseph 34, 35
Muche, Georg 69
Müller, Friedrich von 74
Müntzer, Thomas 20, 102, 107, 108, 109
Musäus, Karl August 35

Napoleon, Kaiser 21, 74, 154
Nexö, Martin Andersen 124

Paul, Jean 12
Pawlowna, Maria 12
Perthes, Johann Georg Justus 35
Pesne, Antoine 49

Pfeifer, Ernst 91
Plänckner, Julius von 145
Raspe, Heinrich 17, 20
Reuß, Heinrich d. J. 85
Reuter, Fritz 128
Riemenschneider, Tilman 112
Ries, Adam 45
Ritgen, Hugo von 14
Ritter Kunz von Kaufungen 97
Ritter, Wilhelm 65
Roth, Herbert 144

Salzmann, Christian Gotthilf 35, 130

Tieck, Ludwig 34, 65
Tischbein, Johann Heinrich W. 34
Treitschke, Heinrich von 17
Tübke, Werner 109, 110, 114, 151

Van de Velde, Henry 34, 35, 68, 87
Van der Rohe, Ludwig Mies 69
Vogel, Bernhard, Ministerpräsident 20

Wagner, Richard 19, 128, 129
Weise, Friedrich der, Kurfürst 20
Wetzel, Martin 116
Wieland, Christoph Martin 29, 34, 45, 95

Sehenswert: das Theatermuseum in Meiningen.

Sauckel, Fritz 21
Schelling, Friedrich Wilhelm 65
Schiller, Friedrich von 6, 29, 34, 81, 64, 65, 72, 80, 95, 97, 149
Schlegel, August Wilhelm von 34, 65, 66
Schlegel, Dorothea von 34
Schlegel, Friedrich von 12, 34, 65
Schlegel, Karoline von 34, 65
Schlemmer, Oskar 69
Schmitz, Bruno 115
Schott, Otto 35, 56
Schulze, Ingo 97
Schütz, Heinrich 34, 35, 85
Schwind, Moritz von 14, 15
Spalatin, Georg 123
Stahr, Adolph 12
Stein, Charlotte von 81
Storch, Ludwig 22
Strauß, Jakob 109

Wilhelm, August 34
Wilhelm I., Kaiser 115
Wolzogen, Henriette von 81

Zeiss, Carl 34, 35, 56

Orte und Begriffe

Allmenhausen 133
Altenburg 18, 90, 97, 100, 103, 123, 148, 152, 154
Altenburger Land 150
Altenstein 130
Apolda 61, 74
Arnstadt 18, 35, 41, 42, 49, 102, 148, 153
Auerstedt 21, 74, 154

Bad Berka 80, 152
Bad Blankenburg 138, 152

Bad Colberg 152
Bad Frankenhausen 108, 109, 111, 114, 151, 154
Bad Klosterlausnitz 87
Bad Köstritz 150, 154
Bad Langensalza 39, 51, 103, 116, 151
Bad Liebenstein 130, 142
Bad Salzungen 139, 151
Bad Sulza 7, 27, 66, 76, 152
Bamberg 42
Barbarossa-Sage 111, 115,
Bauerbach 80, 81
Bauhaus 35, 57, 68, 94
Bauhaus-Universität 57, 63
Behringen 103
Berlin 69
Bilzingsleben 151
Blankenstein 94, 145
Brandenburg 19, 102, 151
Brocken 116
Buchenwald 20
Bürgel 58, 94, 153
Burgk 5, 94, 95, 103
Burschenschaft 15, 20

Coburg 18, 21
Cospeda 153
Creuzburg 106, 129, 148, 151

Dermbach 151
Dessau 69
Dingelstädt 104, 113
Dolmar 32, 151
Dornburg 62, 74, 80, 94, 103
Dornheim 49
Drei Gleichen 39, 102

Eichsfeld 6, 21, 26, 102, 112, 113, 140, 146, 151, 154
Eisenach 8, 18, 20, 29, 34, 41, 80, 102, 109, 116, 122, 123, 124, 127, 129, 147, 148, 150, 152, 153, 154, 155
Eisenberg 23, 87, 95, 150
Empfersthausen 151
Erfurt 4, 5, 7, 12, 14, 15, 18, 19, 20, 21, 23, 36, 39, 40, 41, 42, 44, 80, 106, 107, 109, 122, 123, 146, 147, 148, 150, 152, 153
Ernstthal 126, 145
Etzelsbach 112

Flinsberg 104
Frankenhausen 108, 110

Frankenwald 126, 135
Frauensee 103
Friedrichroda 129, 130, 147
Friedrichshöhe 145

Gehren 124
Geisa 20, 151, 154
Gera 18, 19, 35, 82, 84, 87, 88, 89, 147, 148
Goldene Aue 8
Goldlauter 35
Gotha 18, 35, 49, 50, 51, 52, 103, 123, 126, 130, 147, 148, 150, 152, 154
Gräfenthal 123
Greiz 18, 88, 89, 103, 148
Großer Beerberg 145, 146
Großer Gleichberg 128
Großer Inselsberg 5

Hainich 12, 116, 151, 154
Hanstein 4, 22, 102, 155
Heichelheim 74, 153
Heiligenstadt 29, 80, 112, 113, 147, 154
Heinich 151
Heldburg 103
Heldrungen 102, 151
Henneberg 18, 135
Hermsdorf 87
Hildburghausen 35, 80, 126
Hirschberg 29, 146, 150
Holzland 76, 87, 150
Hörschel 145
Hue de Grais 103
Hülfensberg 112, 113

Ichsfeld 147
Ilm 148
Ilmenau 36, 57, 80, 81, 135, 148, 150
Inselsberg 116, 129, 144, 145, 148

Thüringer Bratwürste vom Grill.

157

Jena 7, 21, 36, 56, 60, 61, 64, 65, 66, 74, 80, 87, 90, 123, 147, 148, 150, 154
Judenbach 126

Kahla 58, 76, 87
Kalbsrieth 103
Kaltennordheim 151
Kickelhahn 80, 128
Kleiner Gleichberg 128
Klosterlausnitz 126
Kochberg 80, 81
Königsbreitungen 126
Konzentrationslager Buchenwald 21, 29, 66
Körner 151
Köstritz 34, 35
Kühndorf 102, 103
Küllstedt 112
Kyffhausen 22, 116
Kyffhäuser 108. 111, 115, 119, 148, 151, 155

Landstreit 104
Lauscha 126, 138, 139, 154
Lindewerra 151
Lobenstein 18

Marlitt 35
Maserberg 145
Meiningen 4, 18, 26, 30, 80, 103, 126, 131, 136, 148, 150, 154
Mellrichstadt 18
Mödlareuth 140, 150, 154
Möhra 123, 153
Molsdorf 46, 49

Mühlberg 41, 155
Mühlburg 41, 42
Mühlhausen 35, 42, 104, 106, 108, 109, 110, 116, 120, 151, 153, 154
Mühltal 87

Naumburg 42
Neuhaus am Rennweg 145
Neustadt an der Orla 123
Niederdorla 104
Nohra 66
Nordhausen 66, 104, 107, 147, 151

Oberdorla 106
Oberhof 15, 135, 139, 145, 155
Oberweimar 154
Oberweißbach 6, 124, 147
Obstfelderschmiede 147
Ohrdruf 20
Oppurg 102, 103
Orlamünde 109
Oßmannstedt 103

Paulinzella 126, 138, 139
Philippsthal 151
Plauen 18
Plothener Teiche 23, 92, 151, 154
Point Alpha 20, 140, 151
Pößneck 85, 89
Posthumus 85, 87

Ranis 95
Reinhardsbrunn 130
Rennsteig 144, 146, 148, 150
Renthendorf 88
Rhön 124, 131, 132, 146, 148, 154
Rohr 151
Römhild 18, 154
Ronneburg 82, 84, 150
Rottleben 111
Rudolfstadt 18, 74, 81, 95, 97, 98, 103, 148, 150, 153, 154
Ruhla 22, 129

Saalburg 94
Saale 17, 74, 76, 82, 87, 89, 126, 146, 148, 155
Saalfeld 23, 94, 123, 135, 138, 147, 148, 150, 155
Saalfelden 128
Schiefergebirge 138, 146, 148, 155
Schifflersgrund 140, 154
Schleiz 18

Schleusingen 18, 103, 126, 135
Schmalkalden 18, 24, 103, 123, 130, 148, 151, 153
Schmölln 26, 150
Schnepfenthal 130
Schönbrunn 124
Schwarzatal 131
Schwarzburg 18, 131
Silberhausen 104
Sitzendorf 127
Sondershausen 10, 18, 103, 106
Sonneberg 26, 124, 126, 138, 139, 140, 154, 155
Steinach 26, 138, 148, 154
Steinbach 30
Stotternheim 123
Stützerbach 80, 81
Südharz 148
Suhl 19, 21, 135, 147, 148
Suhl-Heinrichs 151

Tabarz 130, 147
Teistungen 140, 154
Themar 135
Thiemsburg 116
Thüringer Schiefergebirge 94, 124
Thüringer Wald 12, 15, 17, 30, 41, 80, 81, 124, 132, 135, 144, 146, 150, 154, 155,
Töthen 62
Treffurt 151
Trusetal 130

Unstrut 23

Vacha 20, 151
Vessertal 154
Veßra 131, 154
Vokenroda 22, 151
Volkstedt 94

Wachsenburg 36, 40, 49
Walldorf 151
Waltershausen 147
Wandersleben 39, 54
Wartburg 12, 14, 15, 16, 19, 20, 21, 29, 34, 95, 104, 122, 123, 126, 127, 128, 129, 140, 155
Wasungen 103, 132, 148, 150, 152
Weida 18, 82, 84, 88
Weimar 10, 18, 20, 21, 23, 29, 34, 35, 51, 56, 58, 60, 61, 62, 63, 64, 65, 66, 68, 71, 72, 74, 78, 80, 81, 102, 103, 123, 147, 148, 150, 152, 153, 154, 155
Weißensee 39, 102
Wenigenjena 81
Wernshausen 151
Werra 17, 102, 106, 132, 146, 148, 150, 151
Wilhelmsthal 129

Zella 151
Zella-Mehlis 135
Zeulenroda 84, 85
Ziegenrück 85, 94, 95, 133

Lutherhaus in Eisenach.

In der Farbglashütte Lauscha.

Weinanbau an Saale und Ilm.

Kloster Veßra, Ruine der Klosterkirche St. Marien (rechte Seite).

Text- und Bildnachweis Impressum

Der Fotograf

Thomas Härtrich, geboren in Meiningen, studierte Fotografie an der Hochschule für Grafik und Buchkunst in Leipzig. Seit 1981 freier Fotograf, Mitinhaber der Fotografen-Agentur »transit« in Leipzig (www.transit.de). Seine Hauptarbeitsgebiete sind Reportage- und Reisefotografie. Er ist Mitautor der Bildbände »Norwegen« und »Zeit für Schlösser und Burgen«, die beide im Bucher Verlag erschienen sind, sowie des Bandes »Traumstraßen Namibia/Südafrika«. Lebt in Leipzig.

Der Autor

Thomas Bickelhaupt stammt aus Südthüringen und lebt seit drei Jahrzehnten als Diplom-Journalist in Weimar. Seit seinem Studium befasst er sich intensiv mit Thüringer Kultur- und Geistesgeschichte sowie den aktuellen Entwicklungen in der Kulturlandschaft zwischen Werra und Elster. Zu seinen Veröffentlichungen gehören zahlreiche Artikel in Tageszeitungen und Beiträge für Fachzeitschriften.

Einbandfotos:
Vorderseite: Rosenkönigin Anne II. (links), Wartburg bei Eisenach (rechts). Rückseite: Thüringer Land bei Kahla.

S. 1: Eisenach, Volksfest »Sommergewinn«.
S. 3: Goethe- und Schillerdenkmal in Weimar (oben), Herbststimmung im Kyffhäuser-Gebirge (unten).

Dank

Der Fotograf bedankt sich herzlich bei seiner Frau Marina und bei seinem Vater Gerhard.
Besonderer Dank geht außerdem an die Stiftung Thüringer Schlösser und Gärten und die Klassik Stiftung Weimar sowie an alle Museen und Institutionen, die seine Aufnahmen erlaubt und unterstützt haben.

Bildnachweis

Archiv für Kunst und Geschichte, Berlin: S. 20/2, 20/3, 20/5, 34/1, 34/2, Bildarchiv Bucher Verlag: S. 20/1, 27/6, 27/7, 34/3, 34/4
dpa/picture-alliance, Frankfurt: S. 20/21, 21/7, 21/9, 35/9, 35/10, Interfoto, München: S. 35/11

Alle übrigen Aufnahmen stammen von Thomas Härtrich, Leipzig.

Alle Karten dieses Bandes zeichnete Astrid Fischer-Leitl, München.

Unser Gesamtverzeichnis finden Sie unter www.bucher-verlag.de

Lektorat: Joachim Hellmuth
Graphische Gestaltung:
Frank Duffek
Herstellung: Bettina Schippel
Technische Produktion:
Repro Ludwig, Zell am See
Printed in Slovenia by MKT, Ljubljana

Alle Angaben dieses Werkes wurden vom Autor sorgfältig recherchiert und auf den aktuellen Stand gebracht sowie vom Verlag geprüft. Für die Richtigkeit der Angaben kann jedoch keine Haftung übernommen werden. Für Hinweise und Anregungen sind wir jederzeit dankbar. Bitte richten Sie diese an:

C. J. Bucher Verlag GmbH
Produktmanagement
Postfach 80 02 40
D-81673 München
E-Mail: lektorat@bucher-verlag.de

Die Deutsche Bibliothek – CIP-Einheitsaufnahme
Ein Titeldatensatz für diese Publikation ist bei Der Deutschen Bibliothek erhältlich.

© 2006 by C. J. Bucher Verlag GmbH, München
Alle Rechte vorbehalten
ISBN 3-7658-1484-9